교육과 헌법

헌법 제31조의 구조와 해석

손희권 저

Education & Constitution

학지사

머리말

이 책은 내가 구상하고 있는 교육법학연구시리즈의 첫 작품이다. 첫 작품의 주제로 '교육과 헌법'을 신택한 이유는 그동안 나의 연구가 주로 이 주제에 집중되어 왔기 때문이다. 헌법 중에서도 특히 제31조에 초점을 맞춘 이유는 이 조항이 한국의 교육정책을 결정하고 집행하는 데에 중요한 지침을 제공할 수 있기 때문이다.

이 책은 제목이 암시하듯이 교육과 헌법의 관계를 헌법의 교육조항인 제31조의 구조와 해석을 중심으로 저술한 것이다. 헌법은 국가에 관한 다양한 규정들을 담고 있고 이 중 제31조는 국민과 국가의 관계를 규정한 기본권과 관련이 있다. 이처럼 한국 헌법은 미국 연방헌법과 달리 교육에 관한 명문규정을 둠으로써 교육의 중요성을 강조하고 있다.

헌법 제31조는 총 6개 조항으로 구성되어 있으며 이는 크게 두 부분으로 구분할 수 있다. 첫 번째 부분은 교육을 받는 것을 모든 국민의 권리로 명시하면서 교육의 기회 균등을 강조한 제1항이다. 두 번째 부분은 제1항에 규정된 교육을 받을 권리를 실효성 있게 보장하기 위한 조치들을 규정한 5개 조항들이다. 이 5개 조항들은 의무로서의 교육을 규정한 제2항, 제3항, 제5항 그리고 제6항과 교육법의 헌법적 원리를 명시한 제4항으로 구분할 수 있다.

이에 따라 이 책을 총 3개의 장으로 구성하였다. 제1장은 권리로서의 교육으로, 능력에 따라 균등하게 교육을 받을 권리의 법리에 대하여 고찰하였다. 첫째, 권리의 개념을 의사설과 이익설에 입각하여 간략하게 설명하였다. 둘째, 헌법에서 교육을 받을 권리를 명시하고 있는 이유를 교육의 기능 및 다른 기본권과의 관계를 중심으로 제시하였다. 셋째, 교육을 받을 권리의 개념을 자유권과 사회권이라는 두 측면으로 구분하여 논의하였다. 끝으로, 학습자의 세 가지 지위를 토대로 교육을 받을 권리의 세 가지 속성을 살펴보았다.

제2장은 의무로서의 교육으로서 국민, 국가 그리고 지방자치단체의 교육의무의 법리를 고찰하였다. 첫째, 의무의 개념을 법적 책임(liability)의 개념과 대비시키면서 간략히 설명하였다. 둘째, 헌법에서 교육을 국민과 국가의 공동 의무로 규정한 이유를 교육의 의의 및 교육을 받을 권리의 실효성 있는 보장을 중심으로 살펴보았다. 셋째, 국민의 교육의무를 헌법 제31조 제2항에 규정된 의무교육을 중심으로 논의하였다. 끝으로, 국가 및 지방자치단체의 교육의무를 헌법에 명시되어 있지는 않지만 교육을 받을 권리로부터 도출될 수 있는 의무, 헌법 제31조 제3항의 무상의무교육, 제5항의 평생교육

의 진흥 그리고 제6항의 교육법정주의를 중심으로 살펴보았다.

제3장은 교육법의 헌법적 원리로서 교육의 자주성 · 전문성 · 중립성 및 대학의 자율성의 법리를 고찰하였다. 첫째, 교육의 자주성의 법리를 개념, 의의, 내용 그리고 제한으로 구분하여 논의하였다. 둘째, 교육의 전문성의 개념을 헌법재판소, 교육학자들 그리고 헌법학자들의 견해를 중심으로 설명한 뒤 이를 비교하였다. 셋째, 교육의 전문성과 민주주의, 학습자 중심 교육 그리고 교원노조와 같은 다른 헌법적 가치들과의 관계를 살펴보았다. 넷째, 교육의 중립성의 법리를 정치적 중립성과 종교적 중립성으로 구분하여 제시하였다. 다섯째, 대학의 자율성의 법리를 근거, 개념, 내용, 성격, 주체 그리고 제한으로 구분하여 논의하였다. 끝으로, 교육법의 헌법적 원리 상호 간의 관계를 분석하였다.

이 책을 쓸 때 나는 다음과 같은 사실에 유념하였다. 우선 비록 연구서이기는 하지만 교과서로도 사용될 수 있도록 가능한 한 학생들이 이해하기 쉽게 쓰려고 노력하였다. 이는 교육법에 관한 교과서가 별로 없는 데 반하여 2009학년도 신입생부터 교직 소양 선택과목으로 교육법이 추가되는 현실을 고려한 것이다. 또한 교육과 헌법에 관한 독자들의 흥미를 유발하려고 노력하였다. 첫째, 학습목표를 의문문으로 진술함으로써 각 장에서 다룰 내용에 대한 독자들의 궁금증을 자아내려고 노력하였다. 둘째, 각 장 처음에 헌법재판소 판례 2~3편을 사건의 배경 및 생각해 볼 문제와 함께 제시함으로써 현실에서 쟁점이 될 만한 주제에 대한 독자들의 헌법적 관점에서의 분석력을 개발하려고 노력하였다. 셋째, 각 장 말미에 2편의 신문기사를 관련 주제의 의미 및 생각해볼 문제와 함께 제시함으로써 각 장에서 학습한 내용을 토대로 신문기사를 비평할 수 있는 독자들의 능력을 배양할 수 있도록 노력하였다. 끝으로, 각 장의 맨 마지막에 실천 활동을 제시함으로써 독자들이 이론과 실제의 관계를 습득하고 그 간극을 메울 수 있는 안목을 가질 수 있도록 노력하였다.

이 책이 나오기까지 나에게 언제나 체력, 건강, 지식, 지혜, 명철, 능력, 아이디어를 더해 주시고 이 책이 빛을 보게 해 주신 나의 주 하느님께 감사드린다.[1] 나의 학문적 발전을 위해 항상 간절한 마음

1) 김영길 한동대학교 총장님께서 KAIST 교수 시절에 무엇인가를 발명하시기 전에는 금속을 놓고 3일간 기도 드린 후에 일을 시작하신다는 얘기를 주변에서 전해 듣고 감동을 받아서 저도 늘 연구하기 전에 하느님께 기도 드리며 시작해 왔기 때문에 감히 이런 표현을 이 책에 넣습

으로 기도하시는 부모님께도 감사의 뜻을 표하고 싶다. 교육법에 눈을 뜨게 해 주신 나의 학부 지도교수님이신 안기성 교수님과 늘 판례 분석만 한다고 나무라시면서 다른 분야로 시야를 넓힐 것을 권장하시는 나의 석사 지도교수님이신 김형관 교수님께도 감사드린다. 이 책을 쓰도록 적극적으로 저에게 권면하여 주신 충남대학교 주삼환 교수님, 고려대학교 오영재 교수님 그리고 서울교육대학교 허종렬 교수님께도 깊은 감사의 마음을 전한다. 헌법학 관련 강좌의 청강을 허락해 주시고 여러 가지로 법에 대한 나의 시야를 넓혀 주신 고려대학교 법과대학 김선택 교수님과 장영수 교수님께도 감사를 드린다. 시장성이 별로 없음에도 불구하고 이 책의 출판을 기꺼운 마음으로 허락해 주신 학지사 김진환 사장님과 최임배 편집부장님 그리고 깔끔한 교정으로 이 책을 멋지게 편집해 준 이지혜님께 심심한 사의를 표한다.

니다. 그러나 최근 분당 샘물교회 교인 피랍 사태는 저의 신앙과 한국의 개신교에 대하여 다시금 생각해 보는 계기를 마련해 주었습니다. 이 사태를 계기로 한국 교회가 회개하고 선교의 범위와 방법에 의미 있는 변화가 있기를 간절히 소망합니다. 이번 사태로 희생된 고인들의 명복을 빌며 유가족들에게도 삼가 조의를 표합니다.

이 책은 강사 시절을 포함하여 그동안 여러 대학에서 나의 교육법 강의를 수강하면서 현장감 있고 예리한 코멘트를 해 준 학생들에게도 많은 빚을 지고 있다. 특히, 종종 만나서 한국의 교육문제를 법적 관점에서 함께 논의해 온 신효정, 정해인 두 석사에게도 감사의 뜻을 표하며 학문적 정진이 있기를 기원한다. 신앙과 관련된 여러 가지 이야기들을 함께 나누어 왔던 나의 석사과정 지도학생이자 조교인 조창호 전도사님의 앞길에도 하느님의 축복과 은혜가 함께하시기를 간절히 기도드린다.

이 책을 쓰는 데에 최선을 다하였지만 본의 아니게 여러 가지 실수가 있을 수 있다. 이 점은 앞으로 독자들의 의견을 수렴하여 개정판을 낼 때에 반영하려고 한다. 그런 차원에서 앞으로 이 책이 잘 다듬어질 수 있도록 독자 여러분들께서 따뜻한 충고를 해 주시기를 간곡히 부탁드린다.

2008년 1월

손희권

CONTENTS

머리말 / 3

제1장 권리로서의 교육

판례 연구 · · · 15

1. 교원미임용자 임용 등에 관한 특별법 위헌확인사건 / 15
   1) 사건의 배경 / 15
   2) 판례 요약 / 17
   3) 생각해 볼 문제 / 18
2. 구 교육법시행령 제71조 등에 대한 헌법소원사건 / 19
   1) 사건의 배경 / 19
   2) 판례 요약 / 20
   3) 생각해 볼 문제 / 22

권리의 개념 · · · 23

교육을 받을 권리의 의의와 기능 · · · 24

1. 교육의 기능 / 24
2. 다른 기본권과의 관계 / 25
3. 교육의 의미 / 26

자유권으로서의 교육을 받을 권리 · · · 26

1. 개 념 / 26
   1) 평등 / 27
   2) 선택 / 30
2. 주 체 / 33

사회권으로서의 교육을 받을 권리 · · · 34

1. 요구할 수 있는 것 / 34
2. 요구할 수 없는 것 / 36

학습자의 지위와 교육을 받을 권리의 관계 · · · 37

제2장 의무로서의 교육

판례 연구 • • • 53

1. 서울특별시와 정부 간의 권한쟁의사건 / 53
   1) 사건의 배경 / 53 2) 판례 요약 / 54
   3) 생각해 볼 문제 / 56
2. 구 사립학교법 제53조의2 제3항 위헌소원사건 / 57
   1) 사건의 배경 / 57 2) 판례 요약 / 57
   3) 생각해 볼 문제 / 59

의무의 개념 • • • 60

교육의무의 의의 • • • 61

1. 교육의 의의 / 61
2. 교육을 받을 권리의 실효성 있는 보장 / 62

국민의 의무 • • • 63

국가 및 지방자치단체의 의무 • • • 66

1. 헌법에 명시되지는 아니하였지만 교육을 받을 권리로부터 도출될 수 있는 의무 / 66
2. 무상의무교육 / 68
   1) 무상의무교육의 의미 / 68 2) 의무교육경비의 부담주체 / 72
3. 평생교육의 진흥 / 74
4. 법률의 정비 / 75
   1) 의의 / 75 2) 성격 / 77
   3) 내용 / 77 4) 한계 / 80

CONTENTS

제3장 교육법의 헌법적 원리

판례 연구 • • • 93

1. 초 · 중등교육법 제31조 등 위헌확인사건 / 93
    1) 사건의 배경 / 93
    2) 판례 요약 / 94
    3) 생각해 볼 문제 / 96
2. 정당법 제6조 제1호 등 위헌확인사건 / 97
    1) 사건의 배경 / 97
    2) 판례 요약 / 98
    3) 생각해 볼 문제 / 99
3. 교육공무원법 제24조 제4항 등 위헌확인사건 / 100
    1) 사건의 배경 / 100
    2) 판례 요약 / 101
    3) 생각해 볼 문제 / 107

교육의 자주성 • • • 108

1. 개 념 / 108
2. 의 의 / 109
3. 내 용 / 112
4. 제 한 / 113

교육의 전문성 • • • 114

1. 개 념 / 114
    1) 헌법재판소의 견해 / 114
    2) 교육학자들의 견해 / 117
    3) 헌법학자들의 견해 / 119
    4) 비교 / 119
2. 교육의 전문성과 다른 헌법적 가치들의 관계 / 120
    1) 민주주의 / 120
    2) 학습자 중심 교육 / 121
    3) 교원노조 / 122

교육의 중립성 • • • 123

1. 정치적 중립성 / 123
2. 종교적 중립성 / 126

대학의 자율성 • • • 129

1. 근 거 / 129
2. 개 념 / 132
   1) 외부세력의 범위 / 132
   2) 배제의 대상 / 133
   3) 간섭의 정당성 판단기준 / 134
3. 내 용 / 135
4. 성 격 / 139
5. 주 체 / 140
6. 제 한 / 143

교육법의 헌법적 원리 상호 간의 관계 • • • 146

참고문헌 / 159

찾아보기 / 167

제1장

권리로서의 교육

"모든 국민은 능력에 따라 균등하게 교육을 받을 권리를 가진다."
(헌법 제31조 제1항)

학습목표

1. 권리란 무엇을 의미하는가?
2. 교육을 받을 권리는 어떤 의의와 기능을 가지고 있는가?
3. 자유권으로서의 교육을 받을 권리란 무엇을 의미하는가?
4. 사회권으로서의 교육을 받을 권리란 무엇을 의미하는가?
5. 학습자의 지위와 교육을 받을 권리는 어떤 관계가 있는가?

제1장 권리로서의 교육

판례 연구

다음은 국립사범대학 졸업자 중 교원미임용자 임용 등에 관한 특별법 위헌확인사건[2] 및 구 교육법시행령 제71조 등에 대한 헌법소원사건에서 헌법재판소의 결정 중 교육을 받을 권리와 관련된 부분만 요약한 것이다.

1. 교원미임용자 임용 등에 관한 특별법 위헌확인사건

국립사범대학 졸업자 중 교원미임용자 임용 등에 관한 특별법 위헌확인사건의 배경은 무엇이고 헌법재판소는 어떤 결정을 내렸으며 이와 관련된 논쟁거리는 무엇인가?

1) 사건의 배경

국립사범대학 졸업자 중 교원미임용자 임용 등에 관한 특별법 위헌확인사건이란 무엇을 말하는가? 헌법재판소는 1990년 10월 8일 국립사범대학 출신자들을 공립 중등교사로 우선 채용하도록 한 구

2) 헌법재판 중 교육과 주로 관련이 있는 것은 헌법소원심판, 위헌법률심판 그리고 권한쟁의심판이다. 헌법소원심판이란 국가권력으로부터 자신의 기본권을 현재 그리고 직접적으로 침해받고 있는 자가 이러한 기본권 침해가 헌법에 위반되는지 여부를 헌법재판소가 판단해 줄 것을 요청하는 제도를 말한다. 위헌법률심판이란 어떤 사건에 적용되거나 적용될 가능성이 있는 법률이 헌법에 위반되는지 여부를 심사하도록 법원에 요청하여 법원에서 헌법에 위반된다고 판단할 경우에 헌법재판소에 이 법률의 헌법 위반 여부를 심사하도록 요청하는 제도를 의미한다. 만약 법원이 헌법에 위반되지 아니한다고 결정할 경우에 당사자는 이 법률에 대한 헌법소원을 청구할 수 있다. 권한쟁의심판이란 국가기관 상호 간, 국가기관과 지방자치단체 상호 간, 지방자치단체 상호 간에 권한의 존부나 범위에 관한 분쟁을 해결하는 헌법재판이다.

교육공무원법 제11조 제1항(이하 우선채용제도라 한다)에 대하여 위헌결정을 내렸다(헌법재판소 1990. 10. 8. 선고 89헌마89 결정). 이 결정에 따라 우선 채용자에 해당되는 일부 국립사범대학 출신자들이 중등교사로 임용되지 못하였다.

이 문제를 해결하기 위하여 2005년 5월 31일 국립사범대학 졸업자 중 교원미임용자 임용 등에 관한 특별법이 전면 개정 · 공포 · 시행되었다(이하 이 개정안이라 한다). 이 개정안의 핵심 내용은 미임용등록자들을 정원 외로 특별채용하도록 하고 이들에게 부전공과정 이수를 통하여 중등교사자격증 표시과목을 변경할 수 있는 기회를 부여할 수 있도록 하는 것이었다.[3] 미임용등록자란 1990년 10월 7

3) 국립사범대학 졸업자 중 교원미임용자 임용 등에 관한 특별법 제5조(정원의 관리)에는 "① 제4조의 규정에 따른 공개전형에서 미임용등록자에 대한 채용정원(이하 이 조에서 '특별정원'이라 한다)은 2006학년도에 500명, 2007학년도에 500명으로 하여 총 1천 명으로 하되, 대통령령에서 정한 공립의 중등교원의 정원과는 따로 확보하여야 한다. ② 제1항의 규정에 따른 특별정원은 이 법 시행일 이전 2004학년도와 2005학년도 2년간 중등교원 정원의 평균 증원분을 최저기준으로 하는 정원과는 따로 확보하여야 한다. ③ 교육인적자원부장관은 제1항의 규정에 의하여 확보된 특별정원을 미임용등록자의 수, 시 · 도교육청별 교원 수급 여건 등을 고려하여 임용권자에게 배정하여야 한다. ④ 임용권자는 제3항의 규정에 따라 배정된 특별정원을 채용 예정 교과로 배정함에 있어 교과별 수요 등을 고려하여야 한다."라고 규정되어 있다. 또한 동법 제6조(부전공과정의 개설 등)에는 "① 교육인적자원부장관은 미임용등록자를 대상으로 하여 교원자격증 표시과목을 변경할 기회를 부여하기 위하여 부전공과정 이수를 위한 교육기관(연수기관을 포함한다. 이하 같다)을 지정 · 운영할 수 있다. ② 부전공과정을 이수하고자 하는 미임용등록자는 제3조의 규정에 따라 등록한 임용권자에게 교육인적자원부장관이 지정한 부전공 표시과목 중에서 부전공과정의 이수를 신청할 수 있다. ③ 제2항의 규정에 의하여 부전공과정의 이수를 신청한 미임용등록자는 제1항의 규정에 의하여 지정 · 운영되는 교육기관에서 교육인적자원부장관이 인정하는 교육과정을 30학점 이상 이수하여야 한다. ④ 부전공과정 이수신청절차 · 이수방법, 부전공과목 표시 및 부전공과정 개설을 위한 인원 등에 관하여 필요한 사항은 대통령령으로 정한다."라고 규정되어 있다. 또한 제8조(특별연수)에는 "① 임용권자는 이 법의 규정에 따라 채용된 교원에 대하여 교원으로서의 전문성을 함양하도록 하기 위하여 특별연수를 실시하여야 한다. ② 제1항의 규정에 따른 특별연수의 방법, 기간 등에 관하여는 대통령령으로 정한다."라고 규정되어 있다. 마지막으로 제10조(특별정원 확보)에는 "국가는 제5조 제2항의 규정에 따른 특별정원을 확보하고 이를 위한 예산을 지원하여야 한다."라고 규정되어 있다.

일 이전에 국립사범대학을 졸업하고 시 · 도 교육위원회별로 작성된 교사임용후보자명부에 등재되어 임용이 예정되어 있었으나 1990년 10월 8일 우선채용제도에 대한 헌법재판소의 위헌결정에 따라 교사로 임용되지 아니한 자 중 교원임용시험 공개전형에 응시하거나 교육대학에 편입학하기 위하여 국립사범대학 졸업자 중 교원미임용자 임용 등에 관한 특별법 시행일부터 1월 이내에 해당 미임용자가 등재되어 있던 임용후보자명부를 관리하는 교육감에게 미임용자 등록을 신청한 자를 말한다(국립사범대학 졸업자 중 교원미임용자 임용 등에 관한 특별법 제2조 참조). 이 개정안에 대하여 헌법소원이 청구되었다.

2) 판례 요약

청구인들은 사범대학에 재학 중이거나 졸업한 자들로서 교육공무원인 중등교사가 되기 위하여 중등교원 임용시험을 준비하는 자들이었다. 청구인들은 이 개정안이 이미 15년 전에 졸업한 미임용자들에게 혜택을 부여함으로써 중등교사의 질적 저하를 초래하기 때문에 양질의 교육을 받을 학생들의 권리를 침해한다고 주장하였다.

반면에 교육인적자원부장관은 다음 두 가지 이유 때문에 이 개정안이 양질의 교육을 받을 학생들의 권리를 침해하지 아니한다고 주장하였다. 우선 이 개정안에서 미임용자에게 실시하도록 요구하고 있는 부전공과정은 현재 교사자격 취득과정에 재학하고 있는 학생 또는 현직교사에게 실시하고 있는 부전공과정과 동일하다. 또한 미임용자가 중등교사로 임용되면 그 전문성 제고를 위하여 특별연수를 실시하도록 하고 있으므로 부전공과정을 이수한 미임용자가 다른 중등교원 임용시험 준비생들과 비교해 볼 때 결코 교사로서의 전문성이 떨어진다고 볼 수 없다.

이에 대하여 헌법재판소는 8 대 1로 이 개정안이 양질의 교육을 받을 학생들의 권리를 침해하지 아니한다고 결정하였다(헌법재판소 2006. 3. 30. 선고 2005헌마598 결정). 이 결정에서 유일하게 반대의견을 낸 조대현 재판관은 이 개정안이 이 권리를 침해하는지 여부에 대하여 언급하지 아니하였다. 반면에 다수의견을 낸 8명의 재판관들이 제시한 논거의 핵심은 미임용자들이 다음과 같은 이유 때문에 중등교사로서의 능력을 갖추지 못하였다고 보기 어렵다는 것이다. 첫째, 미임용자들은 우선채용제도가 실시되어 경쟁률이 높던 1980년대에 국립사범대학을 입학한 우수한 인재들로서 사범대학을 졸업하여 교사자격을 이미 갖춘 상태에 있는 자들이다. 둘째, 미임용자들 중 중등교원 임용시험에 합격한 자에 한하여 임용하도록 하고 있으므로 실력 없는 자들을 여과할 수 있다. 셋째, 미임용자들과 사범대학 재학생들 및 교사들에 대한 부전공 이수요건이 동일하다. 끝으로, 특별정원제도를 통하여 임용된 중등교사들에게 전문성 신장을 위한 특별연수를 실시하도록 요구하고 있다.

3) 생각해 볼 문제

1. 헌법 제31조 제1항에서 모든 국민에게 보장하고 있는 것은 단순히 교육을 받을 권리인가 아니면 양질의 교육을 받을 권리인가?
2. 청구인의 주장, 교육인적자원부장관의 의견 그리고 헌법재판소의 다수의견에서 논쟁의 핵심은 이 개정안이 중등교원의 질을 저하시킬 가능성이 있는지 여부다. 이에 대한 자신의 생각은 무엇인가?

2. 구 교육법시행령 제71조 등에 대한 헌법소원사건

구 교육법시행령 제71조 등에 대한 헌법소원사건의 배경은 무엇이고 헌법재판소는 어떤 결정을 내렸으며 이와 관련된 논쟁거리는 무엇인가?

1) 사건의 배경

구 교육법시행령 제71조 등(이하 이 조항이라 한다)에 대한 헌법소원사건이란 무엇을 말하는가? 이 조항은 거주지를 기준으로 중 · 고등학교 입학을 제한하는 것이었으며 중 · 고등학교 평준화 제도와 관련이 있었다.[4] 중 · 고등학교평준화제도는 입시 과열로 인한 각

---

4) 구 교육법시행령 제71조(중학교배정원서의 제출)에는 "중학교에 입학하고자 하는 자는 그 출신 국민학교가 속하는 위원회에 중학교배정원서를 제출하여야 한다. 다만, 중학교에 있어서는 교육장에게, 국민학교 졸업자로서 거주지가 이전된 자와 제79조의 규정에 해당하는 자는 그 거주지를 학구로 하는 국민학교가 속하는 교육장에게 제출하여야 한다."라고 규정되어 있었다. 또한 제112조의6(입학전형의 지원)에는 "① 입학전형에 응시하고자 하는 자는 전기학교 · 후기학교의 구분 없이 동시에 그가 재학한 중학교가 소재하는 교육감에게 지원하여야 하되, 제80조의 규정에 의하여 중학교를 졸업한 자와 동등 이상의 학력이 있다고 인정되는 자 및 중학교 학구로 인하여 다른 시 · 도에서 수학한 자와 중학교를 졸업한 자로서 거주지가 이전된 자인 경우에는 거주지의 교육감에게 지원하여야 한다. 다만, 인접 시 · 도에 소재한 고등학교에 입학하는 것이 통학상의 거리 또는 교통으로 보아 편리하다고 인정되는 경우에는 그 관련되는 교육감이 협의하여 정하는 바에 따라 그 인접 교육감에게 지원할 수 있다. ② 제1항에서 '거주지'라 함은 민법 제909조의 규정에 의한 친권자 또는 제928조의 규정에 의한 후견인의 일상생활의 근거지를 말한다. 이 경우에 일상생활의 근거지의 여부는 교육부장관이 결정한다. ③ 전기학교 또는 야간수업을 하는 후기학교에 입학하고자 하는 자는 그가 입학전형에 응시할 시 · 도의 관할구역 안에 소재하는 학교 중 1개 교를 선택하여 그 학교를 거쳐 지원하여야 한다. 다만, 주간수업과 야간수업(이하 이 절에서 '주간부'와 '야간부'라 한다)을 겸하여 행하는 전기학교에 입학하고자 하는 자는 동일학교에 한하여 주간부와 야간부를 동시에 지원할 수 있으며, 후기학교에 입학하고자 하는 자는 주간부만을 지원하거나, 주간부를 지원하는 동시에 야간부 학교를 선택하여 지원할 수 있다. ④ 전기학교 중 교육부장관이 지정한 특수목적 고등학교에 입학하고자 하는 자는 제1항 및 제3항의 규정에 불구하고 당해 학교가 소재하는 교육감에게 지원하여야 한다. ⑤ 교육부장관은 고등학교의 학생수용 계획상 필요하다고 인정되는 경우에는 충청남도 내의 중학교를 졸업한 자로서 입학전형에 응시하고자

종 부작용을 해소하기 위하여 도입되었으며 교육조건의 평준화를 전제로 추첨에 의하거나 근거리 원칙에 따라 학생을 학교에 배정하는 제도를 의미한다. 이 조항에 대하여 헌법소원이 청구되었다.

2) 판례 요약

청구인은 청구 당시 국민학교 2학년, 4학년 그리고 5학년에 재학중인 자녀를 두고 있었고 장래에 자녀들을 도시에 있는 중·고등학교에 진학시키기를 원하는 전라북도 순창군 순창읍에 거주하는 학부모였다. 청구인은 이 조항이 학부모의 학교선택권을 침해한다고 주장하였다. 왜냐하면 이 조항이 도시와 농어촌 사이의 교육의 질적 차이를 고려하지 아니한 채 합리적인 이유 없이 거주지를 기준으로 중·고등학교 입학을 제한하고 있기 때문이다. 또한 청구인은 학부모의 학교선택권의 근거로 헌법 제31조 제1항에 규정된 교육을 받을 권리를 제시하였다.

반면에 교육부장관 및 법무부장관은 이 조항의 입법목적이 정당하기 때문에 이 조항이 청구인의 교육을 받을 권리를 침해하지 아니한다고 주장하였다. 이들이 제시한 이 조항의 입법목적은 중·고등학교에 만연되어 있던 과열 입시경쟁의 부작용 해소였다. 이들은 이러한 부작용으로 ① 국민학생 및 중학생의 건전한 정신적·육체적 발달 저해, ② 국민학교 및 중학교 교육과정의 파행적 운영, ③ 과중한 과외비용과 과외교육을 시킬 수 없는 학부모에 대한 실질적 불평등, ④ 재수생의 증가로 인한 사회적 문제 등을 제시하였다.

하는 자에게는 제1항의 규정에 불구하고 대전직할시에 지원하게 할 수 있다. 다만, 제69조의3 제2항의 적용을 받는 지역 안의 중학교 졸업자는 제외한다."라고 규정되어 있었다.

이에 대하여 헌법재판소는 재판관 전원일치로 이 조항이 청구인의 교육을 받을 권리를 침해하지 아니한다고 결정하였다(헌법재판소 1995. 2. 23. 선고 91헌마204 결정). 이 결정을 위하여 헌법재판소 재판관들은 학부모의 학교선택권의 법적 근거부터 살펴보았는데, 이를 헌법 제31조 제1항에 규정된 교육을 받을 권리에서 찾았다. 이를 위하여 이들은 민법 제913조에 규정된 친권으로부터 학부모의 교육권을 도출하면서 학교선택권을 이 교육권의 내용 중의 하나로 간주하였고 학교선택권이 미성년 자녀의 교육을 받을 권리를 실효성 있게 보장하기 위한 것으로 이해하였다. 친권이란 미성년 자녀를 보호하고 교육할 의무를 의미한다.

또한 헌법재판소 재판관들은 이 조항이 거주지를 기준으로 한 중 · 고등학교의 입학제도를 규정하고 있기 때문에 이 조항이 학부모의 학교선택권을 제한하고 있음을 인정하였다. 이들은 이러한 제한의 정당성 여부를 기본권 제한 입법의 한계[5]를 중심으로 고찰하였다. 먼저 이들은 교육부장관 및 법무부장관이 제시한 이 조항의 입법목적을 원용하면서 그 정당성을 인정하였다.

다음으로 헌법재판소 재판관들은 이 조항이 규정하는 입법수단

---

5) 헌법 제37조 제2항에는 기본권 제한이 정당화될 수 있는 네 가지 조건을 규정하고 있으며 이를 기본권 제한입법의 한계라고도 한다. 첫째, 형식 요건으로서 기본권 제한은 법률을 통해서만 가능하고 이 법률은 상식과 이성을 갖춘 일반인이 이해할 수 있을 정도로 명확하고 구체적이며 일반적이어야 한다. 둘째, 목적 요건으로서 기본권 제한을 정당화할 수 있는 목적은 국가안전보장, 질서유지, 그리고 공공복리이다. 셋째, 방법 요건으로서 다시 세 가지 요건으로 구성된다. 먼저 방법의 적절성으로서 목적을 성취하는 데에 적절하고 효과적인 방법을 사용하여야 한다. 다음 피해의 최소성으로서 동등한 효과를 지닌 여러 가지 방법 중 기본권을 최소한으로 제한하는 방법을 사용하여야 한다. 마지막으로 법익의 균형성으로서 기본권 제한을 통하려 성취하려는 공익이 기본권 제한으로 침해되는 사익보다 커야 한다. 끝으로, 내용 요건으로서 기본권의 본질적 내용을 침해하여서는 아니 된다.

도 다음과 같은 이유 때문에 정당한 것으로 간주하였다. 첫째, 입시 제도의 변천과정 및 각 제도의 장단점을 고려할 때 과열 입시경쟁의 부작용을 해소하기 위한 입법수단의 선정에 있어서 광범위한 재량권을 입법자가 향유할 수 있다. 둘째, 교사 순환근무제, 동일한 학교 시설 기준 등을 고려할 때 도시와 농어촌 학교 사이의 교육조건의 차이가 우려할 만큼 심하지 아니하다. 끝으로, 이 조항은 획일적으로 거주지를 기준으로 중 · 고등학교에의 입학을 제한하므로 인하여 발생하는 부작용을 방지하기 위한 여러 가지 보완책을 마련하고 있다. 이 보완책은 지역별 · 학교군별 추첨제, 지체부자유자 및 체육특기자를 위한 거주지 제한 완화, 고등학교의 경우 비평준화지역 및 실업계 고등학교의 선택권 보장, 특수교육대상자에 대한 예외 인정 등이다.

3) 생각해 볼 문제

1. 학생과 학부모 중 누가 학교선택권을 행사하여야 하는가?
2. 청구인, 교육부장관 및 법무부장관 그리고 헌법재판소 재판관 모두가 제시한 것처럼 헌법 제31조 제1항에 규정된 교육을 받을 권리가 학교선택권의 헌법적 근거가 될 수 있는가?
3. 학교선택권은 왜 보장되어야 하는가?
4. 학교선택을 허용할 경우 교육부장관 및 법무부장관이나 헌법재판소 재판관들이 주장하듯이 입시경쟁이 과열될 것인가?
5. 헌법재판소는 이 조항이 학부모의 학교선택권을 제한하는 것을 인정하면서 이 제한의 정당성 여부를 입법목적의 정당성 및 입법수단의 정당성의 관점에서만 살펴보았는데 기본권 제한의 법리에 비추어 볼 때 이것은 타당한가?

6. 헌법재판소 재판관들의 의견처럼 현재 대한민국 도시 및 농어촌 학교 사이의 교육조건의 차이는 우려할 만큼 심하지 아니한가?
7. 이 조항에 규정된 획일적으로 거주지를 기준으로 중 · 고등학교에의 입학을 제한하므로 인하여 발생하는 부작용을 방지하기 위한 여러 가지 보완책이 학부모의 학교선택권 제한을 정당화할 만한 사유가 될 수 있는가?

권리의 개념

권리란 무엇을 의미하는가? 이 질문에 답하기 위하여 다른 모든 조건은 지금과 동일하지만 권리만 없다고 가정해 보자. 이럴 경우 어떤 일이 발생할까?

법학자들은 권리를 어떻게 정의하고 있는가? 권리의 개념에 대해서는 권리가 무엇을 보호하고자 하는가에 따라 의사설과 이익설이 대립하고 있다(최봉철, 2003: 55-56). 의사설은 권리가 권리주체의 의사, 즉 결정 및 선택을 보호한다고 주장하는 데에 반하여 이익설은 권리가 권리주체의 이익을 보호한다고 주장한다.

의사설은 어떤 문제점을 지니고 있는가? 의사설은 아동과 같이 자기 행위의 결과를 정상적으로 판단할 수 없는 사람(의사무능력자)의 권리, 포기 및 양도할 수 없는 권리와 같이 권리주체의 자발적인 의사가 존중되지 아니하는 권리, 기초생활수급자와 같은 사회복지제도에 따른 보호계층의 권리 등을 권리로 포섭하지 못한다는 한계를 지적하는 학자들이 있다(최봉철, 2003: 61-64).

이익설은 어떤 문제점을 지니고 있는가? 이는 제3자에 대한 계약과 관련이 있다(최봉철, 2003: 66-67). 예를 들어, 이혼한 직장여성이 자신의 직장 근무시간 중에 자신의 초등학교 3학년 딸을 돌보아 주는 조건으로 월 2백만 원을 가사돌봄이에게 지급하기로 계약하였을 경우 이익을 보는 사람은 이혼한 직장여성이 아니라 그 딸이지만 계약당사자는 이혼한 직장여성이므로 이 경우 이익설은 계약당사자의 권리를 설명하기 어려운 난점이 있다.

교육을 받을 권리의 의의와 기능

헌법은 왜 교육을 받을 것을 모든 국민의 권리로서 명시하고 있는가? 그 이유는 교육을 받을 권리가 가지는 의의와 기능과 관련이 있다.

교육을 받을 권리는 어떤 의의와 기능을 가지고 있는가? 헌법재판소는 이러한 의의와 기능을 교육의 기능 및 다른 기본권과의 관계 속에서 설명하고 있다.

1. 교육의 기능

교육을 받을 권리의 의의와 기능은 교육의 기능과 어떤 관계가 있는가? 헌법재판소는 이를 헌법의 기본원리와 연결시켜 설명하고 있다(헌법재판소 1994. 2. 24. 선고 93헌마192 결정).

> "교육을 받을 권리는, 첫째, 교육을 통해 개인의 잠재적인 능력을 계발시켜 줌으로써 인간다운 문화생활과 직업생활을 할 수 있는 기초를 마련해 주고, 둘째, 문화적이고 지적인 사회풍토를 조성하고 문화창조의 바탕을 마련함으로써 헌법이 추구하는 문화국가를 촉진시키며, 셋째, 합리적이고 계속적인 교육을 통해서 민주주의가 필요로 하

는 민주시민의 윤리적 생활철학을 어렸을 때부터 습성화시킴으로써 헌법이 추구하는 민주주의의 토착화에 이바지하고, 넷째, 능력에 따른 균등한 교육을 통해서 직업생활과 경제생활의 영역에서 실질적인 평등을 실현시킴으로써 헌법이 추구하는 사회국가, 복지국가의 이념을 실현한다는 의의와 기능을 가지고 있다."

2. 다른 기본권과의 관계

교육을 받을 권리는 다른 기본권과 어떤 관계가 있는가? 이에 대하여 헌법재판소는 교육을 받을 권리를 다른 기본권을 의미 있게 행사하기 위한 기초가 되는 기본권으로 간주하고 있다(헌법재판소 1991. 2. 11. 선고 90헌가27 결정). 우선 교육을 받을 권리가 교육제도를 통하여 충분히 실현될 때에 비로소 모든 국민은 모든 영역에서 각인의 기회를 균등히 하고 능력을 최고도로 발휘할 수 있기 때문에 이 권리는 헌법 제10조에 규정된 기본권의 이념적 기저인 인간으로서의 존엄과 가치 및 행복추구권과 제34조 제1항에 명시된 사회권의 핵심인 인간다운 생활을 영위하는 데 필수적인 조건이자 대전제가 된다(헌법재판소 1991. 2. 11. 선고 90헌가27 결정; 헌법재판소 1999. 3. 25. 선고 97헌마130 결정; 헌법재판소 2004. 5. 27. 선고 2003헌가1, 2004헌가4 병합 결정). 또한 교육을 받을 권리는 상기한 이유 때문에 국민생활의 균등한 향상을 기할 수 있고 교육 분야에서의 평등권을 실현하고 구체화하는 수단이므로 제11조에 명시된 법 앞의 평등과도 밀접한 관계를 가지고 있다(허영 2007: 427; 헌법재판소 1991. 2. 11. 선고 90헌가27 결정; 헌법재판소 2005. 11. 24. 선고 2003헌마173 결정). 마지막으로 교육과 직업의 불가분의 관계를 고려할 때 교육을 받을 권리는 제15조에 규정된 직업선택의 자유의 기초가 된다(허영, 2007: 427).

3. 교육의 의미

권리로서 보장되는 교육이란 무엇을 의미하는가? 헌법 제31조 제5항 및 제6항에 비추어 볼 때 권리로서 보장되는 교육은 학교교육과 평생교육이다. 교육기본법 제9조에 비추어 볼 때 학교교육은 학교에서 실시하는 유아교육, 초등교육, 중등교육 그리고 고등교육을 의미하며 학생의 창의력 계발 및 인성 함양을 포함한 전인적 교육을 중시하고 있다. 평생교육법 제2조 제1호에서는 헌법 제31조 제6항과의 조화를 위하여 평생교육을 "학교교육을 제외한 모든 형태의 조직적인 교육활동"으로 규정하고 있다.

자유권으로서의 교육을 받을 권리

자유권으로서의 교육을 받을 권리란 무엇을 의미하며 누가 주체가 될 수 있는가?

1. 개 념

자유권에서 권리로 보장하는 자유란 무엇을 의미하는가? 자유에는 소극적 측면과 적극적 측면이 있다. 소극적 자유란 타인의 억압으로부터의 자유를 의미하는 반면에 적극적 자유란 개인이 어떤 목표를 달성할 수 있는 자유를 말한다(이근식, 2001: 37-38).

자유권이란 무엇을 의미하는가? 국가나 제3자의 부당한 개입이나 방해 없이 자신의 권리를 향유할 수 있는 자유를 의미한다. 이때 개입의 정당성 여부는 타인의 자유 보장과 관련시켜 판단할 수 있다.

자유권으로서의 교육을 받을 권리란 무엇을 의미하는가? 이에 대하여 법학자들은 평등과 선택을 제시하고 있다(김기영, 2002: 824-

825; 김범주 2001: 85-86).

1) 평등

자유권으로서의 교육을 받을 권리는 평등과 어떤 관계가 있는가? 평등은 소극적 측면에서의 차별 배제와 적극적 측면에서의 복지로 구성되는데 이 중 전자를 제1세대 인권인 자유권의 한 유형으로 간주하여 왔다.

자유권으로서의 교육을 받을 권리는 무엇에 대한 차별을 배제하라는 것인가? 이에 대한 헌법학자들의 일관된 견해는 교육의 기회이다(강경근, 2004: 793; 계희열, 2004: 719-720; 권영성, 2007: 652-654; 김기영, 2002: 824-825; 성낙인, 2007: 599; 양건, 2007: 636; 이준일, 2007: 806; 장영수, 2007: 821-823; 전광석, 2007: 343; 정종섭, 2007: 647-648; 허영, 2007: 429; 홍성방, 2007: 555). 헌법재판소도 이와 유사한 견해를 보이고 있다(헌법재판소 1992. 10. 1. 선고 92헌마68 · 76 병합 결정; 헌법재판소 2003. 11. 27. 선고 2003헌바39 결정; 헌법재판소 2005. 11. 24. 선고 2003헌마173 결정).

차별의 배제 대상에 교육의 결과는 포함될 수 없는가? 다음과 같은 이유 때문에 포함될 수 없다고 생각한다. 우선 현행 헌법 제31조 제1항에서는 "능력에 따라 균등하게 교육을 받을 권리"라고만 표현하고 있을 뿐 미국의 일부 주 헌법과 같이 "철저하고 효율적인" "적절한" "양질의" 등의 문구를 교육을 받을 권리 앞에 삽입하지 아니하고 있으므로 이 조항이 교육 결과의 평등까지 요구한다고 해석하기에는 무리가 있다. 또한 교육 결과의 평등은 역차별의 소지를 안고 있고 이에 따라 헌법 전문에서는 "각인의 기회를 균등히 하고"라고 규정함으로써 기회의 평등을 강조하고 있다.

교육의 기회란 무엇을 의미하는가? 헌법재판소는 이를 교육에 대한 접근 기회, 즉 취학 기회로 좁게 해석하고 있다(헌법재판소 1992. 10. 1. 선고 92헌마68 · 76 병합 결정; 헌법재판소 2005. 11. 24. 선고 2003 헌마173 결정). 그러나 교육을 받을 권리에서 교육은 학교교육뿐만 아니라 평생교육도 포함되므로 교육의 기회를 취학 기회로 한정하는 것은 그 범위를 지나치게 축소시키는 것이다.

교육 기회에서의 차별은 모두 배제해야 하는가? 헌법은 모두 차별해야 하는 것이 아니라 합리적인 이유가 없는 차별만을 배제할 것을 요구하고 있다.

차별의 합리성 여부는 어떻게 판단할 것인가? 이는 자의금지의 원칙에 따라 판단하여야 한다. 자의금지의 원칙이란 본질적으로 같은 것을 자의적으로 다르게 취급하거나 본질적으로 다른 것을 자의적으로 같게 취급해서는 아니 된다는 원칙을 의미한다.

헌법에서 제시한 교육 기회에서의 차별을 정당화할 수 있는 요소는 무엇인가? 능력이다. 그러므로 입학시험에서 성적이 불량한 학생을 불합격 처리하는 것은 허용된다. 그러나 이것이 능력이 부족한 자의 교육을 경시하거나 무시하여도 된다는 의미는 아니다(강경근 2004: 793; 계희열 2004: 719; 권영성 2007: 653; 김기영 2002: 825; 김철수 2007: 970–971; 박종국 2005: 229; 성낙인 2007: 599; 양건 2007: 636; 정종섭 2007: 647).

능력이란 무엇을 의미하는가? 경제력과 같은 비전속적인 능력이 아니라 정신적 · 육체적 능력과 같은 일신전속적인 능력을 의미하며 헌법재판소는 지능, 수학능력, 생활능력 등을 그 예로 제시하고 있다(헌법재판소 1994. 2. 24. 선고 93헌마192 결정). 그러나 헌법재판소는 수학능력과 경제력 사이에 관계가 있을 수 있다는 가능성을 고려하지 아니하고 있다(손희권, 1999: 200).

능력과 평등은 어떤 관계에 있는가? 능력에 초점을 맞출 경우 개인의 개성이나 정신적 · 육체적 능력에 상응하는 적절한 교육을 강조하게 된다(계희열, 2004: 718–719; 권영성, 2007: 653; 김기영, 2002: 825; 김철수, 2007: 970; 성낙인, 2007: 599; 양건, 2007: 635–636; 정종섭, 2007: 647).[6] 이에 따라 교육기본법 제3조에서도 "능력과 적성에 따라 교육을 받을 권리"를 명시하고 있다.

반면에 평등에 초점을 맞출 경우에는 교육의 기회 균등을 강조하게 된다(계희열, 2004: 719–720; 권영성, 2007: 653–654; 김기영, 2002: 825–827; 김철수, 2007: 971–972; 성낙인, 2007: 599; 양건, 2007: 636; 정종섭, 2007: 647). 즉, 자유권적 측면에서의 교육 기회의 비합리적인 차별의 배제와 후술할 사회권적 측면에서의 교육조건 정비의 요구에 주안점을 두는 것이다. 이에 따라 교육기본법 제4조 제1항에서는 "성별, 종교, 신념, 인종, 사회적 신분, 경제적 지위 또는 신체적 조건 등"에 근거한 교육 기회의 차별 금지를 규정하고 있다. 또한 제2항에서는 학습자가 평등하게 교육을 받을 수 있도록 하기 위하여 지역 간의 교원수급 등 교육조건의 격차를 최소화하는 시책을 마련하고 시행할 의무를 국가 및 지방자치단체에게 부과하고 있다.

그렇다면 교육은 능력과 평등 중 어디에 초점을 맞추어야 하는가? 둘 다 헌법에서 강조하는 가치이므로 조화를 이루어야 할 것이다. 다만 학교급에 따라서 그 강조점은 달라질 수 있을 것이다. 조석훈과 김용(2007: 67–68)은 헌법 제31조 제2항에 규정된 의무교육조항을 근거로 현행 한국 교육제도가 국민기초교육에서는 평등에 초점을 맞

6) 전광석(2007: 343)은 능력과 평등의 개념을 다른 헌법학자들과 반대로 해석하고 있다.

추고 있는 반면에 고등교육에서는 능력을 강조하고 있다고 주장하였다.

2) 선택

선택이란 무엇을 의미하는가? 선택은 최소한 두 가지 이상의 사람이나 사물 중에서 어느 하나를 결정하는 것을 의미한다.

자유권으로서의 교육을 받을 권리란 교육의 어떤 부분에 대한 선택을 의미하는가? 첫째, 교육을 받을 장소, 즉 교육시설이다. 헌법재판소는 학교선택권을 인정하고 있고 그 주체로 학생[7]과 학부모[8]를 제시하고 있는데, 이는 헌법소원 청구인의 차이에 기인한 것으로 보인다. 2005년도 경기도 안양학군 중학교 배정계획 위헌확인사건에서 조대현 헌법재판관은 학생의 학교선택권의 헌법적 근거로 제31조 제1항을 제시하였다. 이 과정에서 그는 이 조항을 "능력에 따라 균등하게 교육을 받을 권리"가 아니라 약간 변경하여 " '적성' 과 능력에 따라 균등하게 교육을 받을 권리"로 이해하였다. 이에 따라 그는 학생의 학교선택권을 학생들의 자유로운 인격 발전을 도모하

---

7) 헌법재판소는 교육공무원법 제11조 제1항에 대한 헌법소원사건(헌법재판소 1990. 10. 8. 선고 89헌마89 결정), 사립학교법 제55조 및 제58조 제1항 제4호에 관한 위헌심판사건(헌법재판소 1991. 7. 22. 선고 89헌가106 결정), 교원지위향상을위한특별법 제10조 제3항 위헌소원 및 교원지위향상을위한특별법 제10조 제2항 등 위헌확인사건(헌법재판소 1998. 7. 16. 선고 95헌바19 · 26 · 30 · 42 · 61, 96헌마75 병합 결정), 2005년도 경기도 안양학군 중학교 배정계획 위헌확인사건(헌법재판소 2006. 1. 26. 선고 2005헌마98 결정) 등에서 학생의 학교선택권을 인정하고 있다.

8) 헌법재판소는 구 교육법시행령 제71조 등에 대한 헌법소원사건(헌법재판소 1995. 2. 23. 선고 91헌마204 결정), 지방교육자치에관한법률 제44조의2 제2항 위헌확인사건(헌법재판소 1999. 3. 25. 선고 97헌마130 결정), 학원의설립 · 운영에관한법률 제22조 제1항 제1호 등 위헌제청 및 학원의설립 · 운영에관한법률 제3조 등 위헌확인사건(헌법재판소 2000. 4. 27. 선고 98헌가16, 98헌마429 병합 결정) 등에서 학부모의 학교선택권을 인정하고 있다.

기 위한 것으로 간주하면서 통학거리의 원근을 학생이 학교 선택 시 고려할 수 있는 하나의 사항에 불과할 뿐 학생의 학교선택권을 제한하는 사유가 될 수 없다고 주장하였다(헌법재판소 2006. 1. 26. 선고 2005헌마98 결정).

반면에 학부모의 학교선택권의 헌법적 근거에 대하여 헌법재판소는 ① 제31조 제1항의 교육을 받을 권리(헌법재판소 1995. 2. 23. 선고 91헌마204 결정), ② 제31조 제1항 및 제2항의 보호하는 자녀에게 교육을 받게 할 의무(헌법재판소 1999. 3. 25. 선고 97헌마130 결정), ③ 제10조의 인간으로서의 존엄과 가치, 제36조 제1항의 개인의 존엄과 양성평등에 기초한 혼인과 가족생활의 성립 및 유지와 이에 대한 국가의 보장 그리고 제37조 제1항의 헌법에 열거되지 아니한 자유와 권리(헌법재판소 2000. 4. 27. 선고 98헌가16, 98헌마429 병합 결정) 등 다양한 견해를 보이고 있다. 그러나 학부모의 학교선택권이 아직 미성숙하고 인격 도야 중에 있는 미성년 자녀의 교육을 받을 권리를 실효성 있게 보장하기 위한 수단이라는 데에 대해서는 의견의 일치를 보이고 있다(헌법재판소 1995. 2. 23. 선고 91헌마204 결정; 헌법재판소 1999. 3. 25. 선고 97헌마130 결정).

초·중등교육법시행령 제68조 및 제69조에서는 지극히 예외적인 경우를 제외하고는 의무교육단계에서 학교 이외의 장소에서 교육을 받는 것을 허용하지 아니하고 있다. 또한 중학교 및 고등학교 평준화제도의 영향으로 학교선택권도 상당한 제약이 따르고 있다.

둘째, 교육을 받을 시기로서 5·31교육개혁에서는 "누구든지" "언제" "어디서나" 교육을 받을 수 있는 "열린교육사회, 평생학습사회"를 표방하였고, 초·중등교육법 제13조 및 제14조에서는 만 6세 초등학교 취학을 원칙으로 하되 학생수용능력을 고려하여 만 5세 조기 취학을 허용하고 있음은 물론 질병 등 부득이한 사유가 있을 경우에는 1년 단위로 취학을 유예할 수 있도록 허용하고 있다. 또한 2008학년도부터는 취학기준일이 현행 3월 1일에서 1월 1일로 변경되며 생년월일이 취학기준일 앞뒤로 1년 이내에 속하는 자녀의 취학 시기를 학부모들이 결정할 수 있게 된다.

셋째, 교사다. 학생이 교사를 선택하는 것이 바람직한가에 대해서는 논란이 있지만[9] 교사의 책무성(accountability) 확보 차원에서 교사에 대한 선택도 자유권으로서의 교육을 받을 권리에 포함시킬 필요가 있다(손희권, 2004a: 127).

교사의 책무성을 확보하는 두 가지 기제는 평가와 선택인데, 교사평가는 교사에 대한 사후통제적 성격이 강하고 현행 교사평가제도는 학교행정가에 의한 근무성적평정 중심으로 이루어지고 있기 때문에 교육수요자의 의견을 충분히 반영하기 어렵다. 반면에 교사선택은 학습자중심 교육을 표방한 교육기본법의 취지에 부합되며 교사에 대한 사전통제적 성격이 강하여 교사의 책무성을 보다 실효성 있게 확보할 수 있다.

넷째, 교육내용으로서 과목, 교과영역, 과정에 대한 선택 등이 포함된다(손희권, 2004a: 131). 과목이란 단원을 묶은 것을 의미하고, 단

---

9) 조선일보가 홈페이지 핫이슈 토론방을 통하여 서울 충암고등학교에서 실시한 학급담임교사 선택제에 대한 의견을 조사한 결과 응답자 총 203명 중 58.6%(119명)가 찬성하였으며 41.4%(84명)가 반대하였다(조선일보 2007. 3. 6.). 찬성 이유는 "교사는 학생의 신임을 얻기 위해 학습을 하게 될 것이고 아이들은 자신의 성향에 맞는 교사를 선택하여 도움을 받으니 win win" "선생님들도 자신들의 소양을 쌓을 수 있어서 크게 보면 공교육의 질을 향상시킬 수 있는 계기가 될 것"이었다. 반면에 반대 이유는 "재학생도 아닌 신입생이 잘 알지도 못하는 담임을 선택할 수는 없는 일이 아닌가." "일반 학원과 다른 게 뭐가 있는가."이었다. 또한 원주고등학교는 강원도 내에서 처음으로 학생들이 교사를 선택해 수업을 받는 교사 및 강좌 선택형 방과후 수업을 도입하여 시범운영 한 결과 학부모의 95%, 교사의 86%가 만족하는 것으로 나타났다(강원일보 2007. 3. 14.).

원이란 몇 개의 주제를 엮어 놓은 것을 말하며, 과목을 묶어 놓은 것을 교과영역이라고 하고, 문과 · 이과 등과 같은 교과영역을 묶어 놓은 것을 과정이라고 한다(홍후조, 2001: 55-56). 제7차 교육과정은 '선택'과 '집중'을 모토로 하고 있기 때문에 학생들의 과목선택권과 과정선택권이 이전 교육과정보다 많이 신장되었지만 교육과정을 여전히 국가, 지방자치단체 그리고 단위학교가 결정하고 있기 때문에 이러한 선택에 일정한 제한이 따르고 있다(소경희, 2002: 87-106).

끝으로, 교육을 받을 언어다. UN아동권리협약 제29조 다항에서는 아동 교육이 지향해야 할 목표 중의 하나로 아동 자신의 언어 존중을 명시하고 있다. 국가인권위원회는 이 조항 등을 근거로 화교학교에서 자신의 언어로 교육할 권리를 인권으로 인정함과 동시에 화교학교 졸업자들에게도 학력을 인정할 것을 교육인적자원부장관에게 권고하였다(국가인권위원회 2006. 8. 29. 자 04진차386 결정).

2. 주 체

자유권으로서의 교육을 받을 권리의 주체는 누구인가? 이 권리는 사회권으로서의 교육을 받을 권리가 전제될 때에만 성립이 가능하고 사회권은 국가의 재정 부담을 동반한다는 점을 감안하여 국민에게만 그 주체성이 인정되는 것이 통례였으므로 외국인은 그 주체가 될 수 없다(손희권, 2004a: 121).

자유권으로서의 교육을 받을 권리의 주체는 국민 중에서도 학생인가 학부모인가? 이에 대해서는 학설의 대립이 있으나 학생을 그 주체로 봄이 타당하다(손희권, 2004a: 121-122). 우선 학생이 아닌 학부모를 자유권으로서의 교육을 받을 권리의 주체로 고려하는 것은 학생의 미성숙성을 전제로 하고 있으나 두발자율화 요구에서 나타났듯이 학생들의 권리의식은 충분히 성숙되어 있다. 또한 학생을 자유권으로서의 교육을 받을 권리의 주체로 간주하는 것이 만 18세 미만의 아동 및 청소년을 권리의 주체로 인정한 UN아동권리협약 및 청소년헌장의 정신과 조화를 이룰 수 있다. 마지막으로 학부모를 자유권으로서의 교육을 받을 권리의 한 구성요소인 학교선택권의 주체로 간주할 경우 학생의 자기결정권과 충돌을 일으킬 수 있고 헌법재판소가 학부모의 학교선택권을 자기결정권이 아닌 자녀의 보호와 인격 발현을 위해 보장된 권리로 간주하고 있음을 감안할 때 (헌법재판소 2000. 4. 27. 선고 98헌가16, 98헌마429 병합 결정) 학부모는 학생의 결정에 상담자 내지는 조력자 역할을 할 수는 있지만 학교선택권의 실질적인 주체가 되기는 어렵다.

사회권으로서의 교육을 받을 권리

사회권이란 무엇을 의미하는가? 사회권이란 모든 국민이 인간다운 생활을 할 수 있도록 국가에게 물질적 급부와 적절한 배려를 요구할 수 있는 권리를 말한다. 인간다운 생활이란 인간이 인간으로서의 기본적인 품위를 유지할 수 있는 조건을 충족시킬 수 있는 생활을 의미한다.

1. 요구할 수 있는 것

교육을 받는 것과 관련하여 국민은 국가에게 무엇을 요구할 수 있는가? 이에 대하여 헌법재판소는 교육조건의 정비 및 교육 기회의 균등한 보장을 제시하고 있다(헌법재판소 1992. 11. 12. 선고 89헌마88 결정; 헌법재판소 1999. 3. 25 선고 97헌마130 결정; 헌법재판소 2006. 10.

26. 선고 2004헌마13 결정).

교육조건이란 무엇을 의미하는가? 이는 교육 내적 조건으로서의 교육과정, 교육방법, 교과서 등과 외적 조건으로서의 인적 조건 및 물적 조건을 의미한다. 인적 조건은 학생, 교직원 등을 말하며 물적 조건은 교육시설, 교육재정 등을 가리킨다.

교육조건의 정비에는 안전하고 쾌적한 학교환경의 조성도 포함될 수 있는가? 국가인권위원회는 건강하고 안전한 환경에서 학습할 권리를 학습권의 일종으로 간주하고 있다(국가인권위원회 2006. 10. 9. 결정).[10] 이에 따라 국가인권위원회는 새건축 새개발 사업의 진행으로 인하여 각 개인이 참고 견뎌야 할 한도(수인한도)를 초과하여 학교의 교육조건이 악화되고 학생의 수업을 방해한다면 적절한 환경기준을 마련하여 학습환경을 보호하는 방안에 대한 검토가 필요하다고 주장하였다.

교육 기회의 균등한 보장이란 무엇을 의미하는가? 사회의 모든 계층에게 교육의 혜택이 골고루 배분될 수 있도록 교육시설의 배치, 교육환경의 개선 · 정비, 교육비 부담의 조정 등에 국가가 적극적으로 관여하는 것을 의미한다(헌법재판소 1991. 7. 22. 선고 89헌가106 결정). 이에 따라 학부모는 교육기회제공청구권을 행사할 수 있다.

---

10) 행정자치부는 국가가 소유한 4,600여 제곱미터의 땅을 운동장이 부족한 덕수초등학교에 2004년부터 무상으로 임대해 주었다. 그러나 2007년 민주화운동기념사업회는 이 운동장에 민주화운동기념관 건립을 추진하였다. 이에 대하여 덕수초등학교 학부모와 동문들이 크게 반발하였고, 한국교원단체총연합회도 학생들의 학습권을 침해한다며 반대 성명을 발표하면서 민주적 절차에 따라 처리할 것을 촉구하였다. 이러한 비난 여론에 따라 민주화운동기념사업회는 덕수초등학교에 민주화운동기념관을 건립하려던 당초 계획을 철회하기로 결정하였다. 그 이유는 민주화운동기념관 건립의 기본 취지가 "어린이들의 미래를 위하여 민주 · 평화의 가치를 전달하는 것"이고 "국민적 참여를 통해 이뤄져야 하는 사업"이기 때문이었다. 이 사건을 계기로 민주화의 기념과 학생의 학습권 보호 중 어느 것이 보다 중요한가에 대한 진지한 성찰이 요청된다.

국민은 모든 교육시설에의 균등한 참여를 요구할 수 있는가? 다음과 같은 이유 때문에 이러한 요구가 가능하다고 생각한다. 먼저 교육은 인간의 직업생활, 사회생활, 경제생활 등에 상당한 영향을 미친다(허영, 2007: 430). 다음 모든 국민은 평등권의 주체가 될 수 있고 기존의 교육시설에 균등하게 참여하는 것은 평등권의 당연한 요청이다(홍성방, 2007: 556-560).

2. 요구할 수 없는 것

국민은 국가에게 무엇을 요구할 수 없는가? 첫째, 교육에서의 합리적인 이유가 없는 특별대우다. 둘째, 자신의 교육환경을 최상 혹은 최적으로 만들기 위한 타인의 교육시설 참여 기회의 제한이다.

교육에서의 합리적인 이유가 없는 특별대우에는 어떠한 것들이 있는가? 우선 헌법재판소는 다른 사람과 차별하여 일정한 능력을 갖춘 자에 대하여 조기 취학을 요구할 수 없다는 입장을 피력하였다(헌법재판소 1994. 2. 24. 선고 93헌마192 결정). 즉, 헌법재판소는 수학능력을 충분히 구비한 만 5세 아동의 초등학교 조기취학을 허용하지 아니하는 것이 헌법에 위반되지 아니한다고 결정하였다.

동시에 헌법재판소는 아동의 빠른 성장발달 속도 및 조기교육의 보편화를 이유로 한국의 시대상황과 경제 · 문화 여건 등 제반사항을 고려한 후 기준연령에는 못 미치지만 지적으로 성숙한 아동의 조기취학을 검토할 필요성이 있음을 시사하였다. 이에 따라 국회는 2002년 8월 26일 초 · 중등교육법 제13조를 개정하여 학생수용능력이 허용하는 범위 내에서 만 5세 아동의 조기취학을 허용하였다.

또한 헌법재판소는 특정한 교육제도나 교육과정 또는 자신이 이수한 교육과정을 유사한 다른 교육과정을 이수한 것과 동등하게 평가해 줄 것, 즉 동등한 학력을 인정해 줄 것을 요구할 수 없다고 주장하였다(헌법재판소 2005. 11. 24. 선고 2003헌마173 결정). 왜냐하면 교육에 대한 기회 균등 보장이 교육과정에 대한 동등한 평가까지 보장하는 것은 아니기 때문이다. 이에 따라 헌법재판소는 중학교 졸업자에게는 졸업과 동시에 학력을 인정하면서 중학교에 상응하는 교육과정인 3년제 고등공민학교 졸업자에 대하여는 중학교 학력을 인정하지 아니하는 것이 헌법에 위반되지 아니한다고 결정하였다.

합리적인 이유가 있는 특별대우에는 어떤 것이 있는가? 장애학생들에 대한 특별 고려가 이에 해당될 수 있을 것이다. 국가인권위원회는 체육학부 편입학을 위한 달리기 및 높이뛰기 실기시험에서 지체3급 장애인에게 정상인과 다른 채점기준을 적용할 필요가 있음을 시사하였다(국가인권위원회 2007. 4. 11. 자 07진차51 결정).

또한 자신의 교육환경을 최상 혹은 최적으로 만들기 위하여 타인의 교육시설 참여 기회를 제한하는 것은 어떤 경우인가? 헌법재판소는 중등교사자격자들 중 교육대학교 3학년에 특별편입학시킬 대상자를 선발하기 위한 시험의 공고로 인하여 교육대학교 재학생들이 직접적으로 기본권을 침해당할 가능성이 없다고 결정하였다(헌법재판소 2003. 9. 25. 선고 2001헌마814 · 815 · 816 · 817 · 818 · 819 병합 결정).

학습자의 지위와 교육을 받을 권리의 관계

교육을 받을 권리를 행사하는 학습자는 어떤 지위를 가지고 있는가? 재판관 김양균은 사립학교법 제55조 및 제58조 제1항 제4호에 관한 위헌심판사건에서 이를 다음 세 가지로 구분하고 있다(헌법재판소 1991. 7. 22. 선고 89헌가106 결정). 첫째, 국가의 구성원으로서의 국민, 둘째, 사회의 구성원으로서의 사회인, 셋째, 독립의 인격체로서의 개인.

상기한 학습자의 세 가지 지위는 교육을 받을 권리와 어떤 관계가 있는가? 재판관 김양균은 이 세 가지 지위로부터 교육을 받을 권리의 세 가지 속성을 도출하고 있다(헌법재판소 1991. 7. 22. 선고 89헌가106 결정).

국민의 지위로부터 교육을 받을 권리의 어떤 속성을 도출할 수 있는가? 공민권성으로서 이는 교육을 통하여 민주시민으로서의 자질을 함양한다는 의미다. 이에 따라 교육기본법 제2조에서는 교육의 목적으로 민주시민으로서 필요한 자질 구비 및 민주국가의 발전에의 기여를 제시하고 있다. 이러한 자질은 현재 및 장래에 있어서 국가의 운명을 결정하거나, 이에 참여하는 주권자로서 국민주권주의와 자유민주주의 체제를 유지하고 발전시키는 정치적 안목과 식견과 자질 등 기본능력을 의미한다(헌법재판소 1991. 7. 22. 선고 89헌가106 결정).

사회인의 지위로부터 교육을 받을 권리의 어떤 속성을 도출할 수 있는가? 생존권성으로서 이는 자본주의 경제질서하에서 개인의 생존에 필수적인 교양과 직업에서 요구하는 지식 및 기술을 교육이 개인에게 구비시켜야 한다는 뜻이다(권영성, 2007: 652). 이에 따라 교육기본법 제2조에서는 교육의 목적으로 자주적 생활능력의 구비와 인간다운 삶의 영위를 제시하고 있다.

개인의 지위로부터 교육을 받을 권리의 어떤 속성을 도출할 수 있는가? 학습권성으로서 이는 교육을 통하여 개인의 능력을 최대한 개발하기 위한 여건을 마련하고 인격을 형성해 나가는 것을 의미하며(권영성, 2007: 652; 김철수, 2007: 973; 성낙인, 2007: 601), 개인의 학습본능에 근거를 두고 있다(헌법재판소 1991. 7. 22. 선고 89헌가106 결정). 즉, 개인은 유아기에는 가정에서 부모형제로부터 배우고 성장하면서 학교와 지역사회에서 다른 사람과의 접촉을 통하여 배우면서 성취의욕을 달성하고 개체로서 인격적으로 성숙해진다. 이에 따라 교육기본법 제2조에서는 교육의 목적으로 인격 도야를 제시하고 있다.

요약

제1장 권리로서의 교육에서 설명한 핵심 내용은 다음과 같다.

❶ 권리의 개념에 대해서는 권리주체의 의사를 보호한다는 의사설과 권리주체의 이익을 보호한다는 이익설의 대립이 있다.

❷ 헌법에서 교육을 받을 권리를 보장하고 있는 이유는 교육을 통하여 헌법의 기본원리를 실현할 수 있고 이 권리가 다른 기본권을 의미있게 행사할 수 있는 기초가 되기 때문이다.

❸ 자유권으로서의 교육을 받을 권리는 교육 기회에서의 비합리적인 차별의 배제와 교육을 받을 장소, 교육을 받을 시기, 교사, 교육과정, 교육을 받을 언어 등의 선택을 의미한다. 학생의 인권의식 수준, 아동·청소년을 권리의 주체로 간주한 UN아동권리협약 및 청소년헌장의 정신, 학부모의 학교선택권의 취지 등을 고려할 때 자유권으로서의 교육을 받을 권리의 주체는 학부모가 아니라 학생이다.

❹ 사회권으로서의 교육을 받을 권리는 교육조건의 정비, 교육 기회의 균등한 보장, 교육시설에의 균등한 참여 등을 국가에게 요구할 수 있는 권리다. 그러나 교육에서의 합리적인 이유가 없는 특별대우, 자신의 교육환경을 최상 또는 최적으로 만들기 위한 타인의 교육시설 참여 기회의 제한 등은 국가에게 요구할 수 없다.

❺ 학습자는 국민, 사회인 그리고 개인이라는 지위를 가지고 있다. 이 세 가지 지위로부터 교육을 받을 권리의 세 가지 속성인 공민권성, 생존권성 그리고 학습권성을 도출할 수 있다. 공민권성은 민주시민 교육과, 생존권성은 인간다운 생활의 보장 그리고 학습권성은 인격의 형성 및 발달과 밀접한 관련이 있다.

| 핵심어 |

제1장 권리로서의 교육의 핵심어는 다음과 같다.

1. 교육을 받을 권리
2. 권리
3. 의사설
4. 이익설
5. 교육의 기능
6. 헌법의 기본원리
7. 민주주의
8. 문화국가
9. 사회국가
10. 복지국가
11. 기본권
12. 인간으로서의 존엄과 가치
13. 행복추구권
14. 인간다운 생활을 할 권리
15. 학교교육
16. 평생교육
17. 자유권
18. 평등
19. 선택
20. 교육의 기회 균등
21. 교육 결과의 평등
22. 취학기회
23. 지능
24. 수학능력
25. 생활능력
26. 학교 선택
27. 교사 선택
28. 사회권
29. 교육조건
30. 학습자
31. 공민권
32. 생존권
33. 학습권
34. 교육기본법
35. 교육의 목적
36. 계층균등할당제

신문기사 비평

다음은 교사선택제 및 계층균등할당제에 대한 신문기사다.

1. 교사선택제

교사선택제의 의미를 살펴보고 이와 관련된 신문기사를 읽은 뒤 그 다음에 제시된 생각해 볼 문제를 교육을 받을 권리의 법리를 적용하여 풀어 보자.

1) 교사선택제의 의미

교사선택제란 무엇을 의미하는가? 2007년 3월 1일부터 서울 충암고등학교에서 국내 최초로 교육수요자인 학생 및 학부모가 신입생 담임교사를 선택하도록 한 제도를 말한다. 이를 위하여 신입생 담임교사는 자신의 성명, 사진, 과목, 학급운영방침 등을 학교 홈페이지에 게재해야만 한다. 이 제도는 2006년 방과 후 학교에서 담당교사를 선택하게 한 결과 학습효과가 컸기 때문에 채택된 것이다(충암고등학교 홈페이지 http://www.cham.hs.kr/).

2) 신문기사

[이훈범의 시시각각] 충암고 선생님들에 박수를

이훈범 논설위원

설날 아침, 까치가 들이울더니 정초부터 반가운 소식을 들었다. 서울 충암고등학교 얘기다. 올해 여기 입학할 새내기들은 복이 많은 게 분명하다. 자기가 선택한 담임선생님과 함께 고교생활을 시작할 수 있게 됐으니 말이다. 2년차 젊은 교장 선생님이 용기를 발휘한 덕이다. 국내 처음으로 담임교사 선택제를 도입한 김창록(48) 교장이다.

두어 달 전 "학부모에게 교사 선택권을 줘야 한다."는 글을 쓴 적이 있던 터라 같은 생각을 가진 선생님을 만나게 돼 여간 흐뭇한 게 아니었다.

'파격적 실험' 이라고 하지만 사실 당연한 것이다. 예비 담임교사들이 학급운영방침을 학교 홈페이지에 올려놓으면 학생과 학부모가 살펴보고 원하는 교사의 학급을 선택하는 것일 뿐이다. 원하는 교육을 받을 권리가 있는 교육 수요자가 원하는 교사를 선택하는 게 뭐 그리 파격일까. 당연한 것이 낯설게 느껴지는 건 그동안 우리가 그저 차려주는 대로 먹는 데 길들여 진 탓이다. 반찬 투정은 불경스러운 짓이다. 손님 알기를 쟁반에 붙은 밥풀 정도로 아는 식당에만 가다 보니 담배를 눌러 끄기 무섭게 재떨이를 바꿔주는 고급 레스토랑의 서비스가 오히려 불편한 것과 같은 이치다.

반대로 밥풀떼기 식당에 가서 자꾸 재떨이를 바꿔 달라고 하면 식당 아줌마 속이 편할 리 없다. 충암고 선생님들 역시 처음엔 그랬을 터다. 평가만 해 봤지 평가받는 데 익숙하지 않았을 테니 말이다. 그런 교사들의 이유 있는 불안감을 털어내고 손님들이 바라는 리모델링을 시작한 것이 곧 김 교장의 결단이고 용기였다.

"인터넷 쇼핑몰에서 물건 고르듯 학생이 교사를 선택하는 것은 인성교육을 해친다."는 비난이 있는 모양인데 결코 동의할 수 없다. 인터넷은 교육 공급자와 수요자를 이어 주는 가장 손쉬운 도구일 뿐이다. 대통령도 인터넷으로 뽑을 날이 머지않은 마당에 인터넷에서 선생님 사진을 보는 것이 어째서 인성교육에 해가 되는지 이해하기 어렵다.

학교의 학원화를 우려하는 목소리도 있다지만 기우(杞憂)요, 변명일 뿐이다. 교사들이 학생들을 붙잡기 위해 전인교육을 포기하고 입시기계로 전락할까 걱정하는 모양인데 우리 선생님들과 학생들이 그렇게 어리석지 않다. 게다가 입시는 학원에 맡기고 뒷짐 진 채 헛기침만 하고 있는 게 전인교육은 아니다. 일전에 교원평가제를 실시하고 있는 한 학교 교사들의 열정에 탄복했다는 독자가 있었다. 문제집도 교사들이 손수 만든다는데 학원에서도 그 학교 학생들에게는 두 손 들었다고 하더란다. 그런 열성 교사들을 입시기계라 부른다면 모독이 아닐 수 없다.

우려보다는 교사들 간의 건강한 경쟁이 교육의 품질을 끌어올리는 긍정적 효과가 훨씬 클 게 분명하다. 그동안 공교육이 사교육에 속수무책으로 당하고만 있던 현실도 결국 경쟁 부재에서 비롯된 허약체질 탓이다. 어디서든 경쟁이 없으면 정체와 퇴보가 빈자리를 채우게 마련이다. 구한말의 개화운동가 유길준은 그것을 개탄했다. 우리나라는 말할 것도 없고 인도처럼 장구한 역사와 광대한 국토를 가진 나라가 영국 식민지로 전락하는 것은 인도가 선후우열(先後優劣)의 경쟁을 할 기회를 갖지 못한 때문으로 봤다. 그래서 "각자 자기 직분에 힘쓰며 자기가 좋아하거나 미워하는 바에 따라 뜻한 것을 달성하고자 앞을 다퉈야 한다."는 경쟁론을 펼친다(『서유견문』).

대한민국 학부모들은 오래전부터 대한민국 선생님들이 그래 주길 바랐다. 이번 소식이 전해진 뒤 충암고에 격려 전화가 쇄도한 것도 다른 이유가 아니다. 충암고 선생님들은 이제 첫걸음을 뗐을 뿐이다. 하지만 무슨 일이든 시작이 가장 어려운 법 아닌가. 물론 과거에 비해 몸이 고단할 수 있다. 스트레스도 더할 터다. 하지만 그들의 노력이 무너진 공교육을 바로 세우고 고품질 교육을 이끌어 내는 밑거름이 될 것이라는 점만은 자명하다. 그 선봉에 선 김 교장과 충암고 선생님들의 분투에 아낌없는 박수를 보낸다.

중앙일보 2007. 2. 27.
출처: http://www.joins.com/

3) 생각해 볼 문제

1. 저자는 충암고등학교에서 도입한 교사선택제의 취지와 의미를 제대로 이해하고 있는가?
2. 교사선택제가 인성교육을 해치지 아니할 것이라는 저자의 견해에 동의하는가?
3. 교사선택제가 학교의 학원화를 초래하지 아니할 것이라는 저자의 견해에 동의하는가?
4. 교사선택제가 교육의 품질을 제고할 수 있다는 저자의 견해에 동의하는가?
5. 이익단체들은 이 기사에서 논의된 것 이외에 교사선택제의 어떤 의의와 한계를 추가로 지적하고 있는가? 이에 대한 본인의 입장은 무엇인가?
6. 충암고등학교에서 도입한 교사선택제가 정착되기 위하여 보완되어야 할 점은 무엇인가?[11)]

2. 계층균등할당제

계층균등할당제의 의미를 살펴보고 이와 관련된 신문기사를 읽은 뒤 그 다음에 제시된 생각해 볼 문제를 교육을 받을 권리의 법리를 적용하여 풀어보자.

11) 한겨레신문에서는 충암고등학교에서 도입한 교사선택제의 가장 중요한 한계로 학생들의 담임교사에 대한 정보 부족을 지적하였다(한겨레신문 2007. 2. 27; 한겨레신문 2007. 3. 7.). 즉, 학급담임교사들이 학급운영안을 상세히 제시하지 아니한 채 인사말 수준에 머무르는 경우가 많았는데 학생들은 제한된 시간 내에 선착순 투표방식 담임교사를 선택하야 하는 어려움이 있었다고 토로하였다. 이러한 한계가 노출될 수밖에 없었던 이유 중의 하나는 교사들과 사전에 충분한 협의 없이 학교 측에서 일방적으로 시행하였기 때문이다(한겨레신문 2007. 3. 7.).

1) 계층균등할당제의 의미

계층균등할당제란 무엇을 의미하는가? 가난의 대물림을 막고 교육이 사회계층 이동의 실질적인 통로가 되도록 하기 위해 현재 법정 모집비율이 정해져 있는 농어촌학생 전형, 전문계 고등학교 출신자 전형 등 정원 외 특별전형을 통합해 2009학년도 대학입시부터 실시하겠다고 교육인적자원부가 밝힌 대학입학전형방식을 말하며 그 구체적인 내용은 다음과 같다(www.moe.go.kr: 교육인적자원부 홈페이지 참조).

① 대상: 특수교육대상자, 북한이탈주민 자녀 등에 대한 특별전형은 별도 체제로 유지되고 기초생활수급자, 차상위계층, 한부모 및 다문화가정 자녀 등을 대상으로 하며 기존의 농어촌 학교 및 전문계 고등학교 졸업생도 포함된다.

② 선발규모: 정원 외 6만 4천 명(4년제 및 전문대 모집인원의 11%) 및 정원 내 7천 명으로 한다.

③ 선발기준: 일반전형 기준보다 1~2등급 낮은 수준의 최저학력기준을 충족시키는 학생을 대상으로 시험성적보다 개인환경, 잠재력, 발전가능성 등을 기준으로 선발한다.

④ 입학 후 지원: 계층균등할당제로 입학한 학생들은 입학 후 2년 동안 수학능력 향상을 위한 기초교육 프로그램을 이수하게 된다. 기초생활수급자 가정 자녀에게는 입학 후 첫 2년 동안은 전액 국고로 장학금을 지급하고 3학년부터는 평균 B학점 이상일 경우에 장학금을 지급한다. 차상위계층 이상 저소득층 입학자에게는 현재 운영하고 있는 저소득층 등록금 면제제도와 함께 무이자 학자금 대출을 성적순으로 우선 배정한다.

2) 신문기사

[여의도 포럼-이진우] 교육기회 균등할당의 허구

이진우(계명대 총장 · 철학)

"평등한 것을 불평등하게 다룰 때 불의가 발생하지만, 불평등한 것을 평등하게 다룰 때도 사회적 불의가 생겨난다." 입시정책과 관련된 사회적 갈등을 바라보면서 자연스럽게 떠오르는 아리스토텔레스의 이 말은 사회통합의 어려움을 단적으로 말해 준다. 사회의 모든 구성원을 평등하게 배려하면 사회통합이 이루어질 것 같지만, 현실은 그렇게 간단하지 않다. 사회는 생각과 이념, 욕구와 이해관계를 가진 다양한 시민들로 구성되기 때문에 그렇다.

우리 사회가 '배려가 부족한 사회' 라는 대통령의 말과 사회통합을 촉진하기 위해 새롭게 도입하겠다는 '계층균등할당제' 를 연결시켜 보면, 현 정권은 교육을 사회통합의 중요한 수단으로 생각하고 있는 것처럼 보인다. 교육은 분명 사회계층 이동의 중요한 통로다. 따라서 교육받을 수 있는 기회는 모든 사람에게 균등하게 배분되어야 한다. 저학력의 대물림으로 인한 가난의 대물림을 방지하고, 저소득층을 사회적으로 배려해야 한다는 기본취지에 누가 반대하겠는가?

균등배분의 원칙적 합의에도 불구하고 무엇을 어떻게 배분하는가가 핵심문제다. 배분의 대상은 교육의 기회다. 모든 국민은 사회적 계층의 차이에 상관없이 평등한 시민으로서 살아갈 수 있는 기초교육을 받을 권리를 갖고 있다. 기초생활수급자 가정의 자녀들을 지원할 수 있는 제도는 중등교육과정에서 마련되어야 한다. 그러나 고등교육의 기회는 '공정한 경쟁' 을 통해 이루어져야 한다. 모든 사람에게 모든 것을 똑같이 배분할 수 없다면, 고등교육의 기회는 능력에 따라 공정하게 배분되어야 한다. 물론 동등한 학력을 갖추었다면, 사회적 배려 대상자들은 경제적 이유로 인해 학업에 지장이 없도록 지원을 받아야 할 것이다.

공정한 경쟁만이 사회적 통합을 이룰 수 있다면, 정부에서 계획하고 있는 계층균등할당제는 근본적으로 재고되어야 한다. 첫째, 이 제도는 평등지상주의의 이념적 문제점을 안고 있다. 사회적 배려대상자가 균등한 고등교육의 기회를 가질 수 있도록 중등교육과정에서 지원할 필요는 있지만, 공정한 경쟁의 원칙을 무시하고 사회적 배려대상자라는 이유만으로 고등교육의 기회를 부여하는 것은 진정한 평등이 아니다.

둘째, 이 제도는 정책적 일관성을 결여하고 있다. 현재 한국의 대학생 수가 인구동향 및 고등교육 수요를 감안할 때 너무 많다는 것은 익히 알려진 사실이다. 정부는 대학의 경쟁력을 향상시키기 위하여 2009년까지 국립대학의 입학정원을 총 15%로 감축하고, 사립대학의 경우 전임교원 확보기준 미달 대학의 정원을 감축하겠다고 지속적으로 발표해 왔다. 만약 계층균등할당 전형으로 입학정원의 11%를 정원외로 뽑는다면, 이는 모집정원을 6만 4,000명 늘리는 것과 같다. 경쟁을 배제한 사회통합정책이 고등교육의 경쟁력을 가져오겠는가?

셋째, 계층균등할당제는 사회통합을 해치는 더욱 심각한 문제를 야기한다. 서울과 지방의 양극화가 그것이다. 현재 시행하고 있는 농어촌 및 실업계 특별전형도 결국은 학생들의 수도권 집중현상을 더욱 심화시키지 않았는가? 지방대학이 원하는 것은 특성화된 교육 프로그램으로써 서울소재 대학과 경쟁할 수 있는 기회다. 이처럼 문제는 경쟁이 공정하게 이루어질 수 있는 사회적 풍토의 조성이지 결코 경쟁의 배제가 아니다. 경쟁이 없는 기회균등은 또 다른 사회적 불의를 낳기 때문이다.

국민일보 2007. 7. 5.
출처: http://www.kukinews.com/

3) 생각해 볼 문제

1. 저자는 교육인적자원부가 발표한 계층균등할당제의 의미와 내용을 제대로 이해하고 있는가?
2. 사회통합을 사회 계층 이동의 관점에서 설명한 저자의 주장은 타당한가?
3. 교육이 사회 계층 이동의 수단이 되어야 한다는 저자의 주장에 동의하는가?
4. 고등교육의 기회가 능력에 따라 공정하게 배분되어야 한다는 저자의 주장에 동의하는가?
5. 계층균등할당제가 평등지상주의의 문제점을 내포하고 있다는 저자의 주장에 동의하는가?
6. 계층균등할당제가 정책의 일관성을 결여한 채 고등교육의 경쟁력을 저하시킬 위험성이 있다는 저자의 주장에 동의하는가?
7. 계층균등할당제가 서울과 지방의 양극화를 초래함으로써 사회통합을 해칠 우려가 있다는 저자의 주장에 동의하는가?
8. 계층균등할당제 도입에 대한 저자의 입장 및 논거는 학부모단체, 교직단체, 교육인적자원부, 총장, 대학의 입학처장의 입장 및 논거와 어떤 공통점 및 차이점이 있는가?
9. 만약 계층균등할당제를 실행한다면 어떤 부분을 보완하여야 하는가? 만약 이 제도를 실행하지 아니한다면 그 대안은 무엇인가?

실천 활동: 국제법과 한국 헌법의 비교

1. 교육을 받을 권리를 규정하고 있는 국제법을 찾아보시오.

2. 국제법과 한국 헌법의 교육을 받을 권리에 관한 규정의 공통점과 차이점을 비교하시오.

3. 이러한 차이점을 해소할 수 있는 방안들을 제시하시오.

제2장

의무로서의 교육

"모든 국민은 그 보호하는 자녀에게 적어도 초등교육과 법률이 정하는 교육을 받게 할 의무가 있다." (헌법 제31조 제2항)

"의무교육은 무상으로 한다." (헌법 제31조 제3항)

"국가는 평생교육을 진흥하여야 한다." (헌법 제31조 제5항)

"학교교육 및 평생교육을 포함한 교육제도와 그 운영, 교육재정 및 교원의 지위에 관한 기본적인 사항은 법률로 정한다." (헌법 제31조 제6항)

학습목표

1. 의무란 무엇을 의미하는가?
2. 헌법은 왜 교육을 국민과 국가의 공동 의무로 규정하고 있는가?
3. 헌법은 국민에게 어떤 교육의무를 부과하고 있는가?
4. 헌법은 국가 및 지방자치단체에게 어떤 교육의무를 부과하고 있는가?

제2장 의무로서의 교육

판례 연구

다음은 서울특별시와 정부 간의 권한쟁의사건 및 구 사립학교법 제53조의2 제3항 위헌소원사건에 대한 헌법재판소의 결정 중 교육 의무에 관한 부분만 요약한 것이다.

1. 서울특별시와 정부 간의 권한쟁의사건

서울특별시와 정부 간의 권한쟁의사건의 배경은 무엇이고 헌법재판소는 어떤 결정을 내렸으며 이와 관련된 논쟁거리는 무엇인가?

1) 사건의 배경

서울특별시와 정부 간의 권한쟁의사건은 무엇을 말하는가? 중학교에 대한 의무교육이 전면 실시됨에 따라 지방교육재정의 지원구조를 재조정하기 위하여 지방교육자치에 관한 법률 및 지방재정교부금법을 개정하여 2005년 1월 1일부터 시행하게 되었다(이하 이 개정안이라 한다). 이 개정안의 주요 내용은 다음과 같다.[12] 첫째, 의무

12) 지방교육자치에 관한 법률 제39조(의무교육 경비 등)에는 "① 의무교육에 종사하는 교원의 보수와 기타 의무교육에 관련되는 경비는 지방교육재정교부금법이 정하는 바에 의하여 국가 및 지방자치단체가 부담한다. ② 제1항의 규정에 의한 의무교육 외의 교육에 관련되는 경비는 지방교육재정교부금법이 정하는 바에 의하여 국가 · 지방자치단체 및 학부모 등이 부담한다."라고 규정되어 있었고, 부칙에는 "이 법은 2005년 1월 1일부터 시행한다."라고 규정되어 있었다. 또한 지방교육재정교부금법 제11조(지방자치단체의 부담)에는 "① 시 · 도의 교육 · 학예에 소요되는 경비는 당해 지방자치단체의 교육비특별회계에서 부담하되, 의무교육에 관련되는 경비는 교육비특별회계의 재원 중 교부금과 제2항의 규정에 의한 일반회계로부터의 전입금으로 충당하고, 의무교육 외의 교육에 관련되는 경비는 교육비특별회계의 재원 중 교부금, 제2항의 규정에 의한 일반회계로부터의 전입금, 수업료 및 입학금 등

교육 경비는 국가와 지방자치단체가 공동으로 부담한다. 둘째, 의무교육 경비는 교육비특별회계의 재원 중 교부금과 지방자치단체의 일반회계로부터의 전입금으로 충당하도록 한다. 끝으로, 재정여건을 고려하여 지방자치단체의 부담비율을 차등화한다. 이 개정안에 대하여 서울특별시가 정부 및 국회를 상대로 헌법재판소에 권한쟁의심판을 청구하였다.

2) 판례 요약

청구인인 서울특별시는 이 개정안이 다음과 같은 이유 때문에 헌법에 위반된다고 주장하였다. 우선 헌법에 명시적 규정은 없지만 의무교육 경비를 국가가 부담하는 것은 대한민국 정부 수립 이후 일관되게 유지되어 온 정책이고 중학교 의무교육 경비 중 일부를 지방자치단체에게 부담시킨 것은 한시적인 것이었다. 또한 교육에 관한 실질적인 권한은 국가가 행사하고 있다. 마지막으로 국·공립학교 교원의 법적 지위는 국가공무원이다.

이에 대하여 피청구인인 정부 및 국회는 이 개정안이 다음과 같은 이유 때문에 헌법에 위반되지 아니한다고 주장하였다. 첫째, 의무교육 경비를 국가가 부담하여야 한다는 헌법의 규정이나 원칙은 없

으로 충당한다. ② 공립학교의 설치·운영 및 교육환경개선을 위하여 시·도는 다음의 금액을 각각 매 회계연도 일반회계예산에 계상하여 교육비특별회계로 전출하여야 한다. 추가경정예산에 의하여 증감이 있는 경우에도 또한 같다. 1. 지방세법 제260조의3의 규정에 의한 지방교육세에 해당하는 금액 2. 담배소비세의 100분의 45에 해당하는 금액(도를 제외한다) 3. 서울특별시는 특별시세 총액(지방세법 제6조 제1항 제2호의 규정에 의한 목적세에 해당하는 금액을 제외한다)의 100분의 10, 광역시 및 경기도는 광역시세 또는 도세 총액(지방세법 제6조 제2항 제2호의 규정에 의한 목적세에 해당하는 금액을 제외한다)의 100분의 5에 해당하는 금액, 그 밖의 도는 도세 총액의 1,000분의 36에 해당하는 금액"이라고 규정되어 있었고, 부칙에는 "① (시행일) 이 법은 2005년 1월 1일부터 시행한다. ② (유효기간) 제3조 및 제11조의 개정규정은 2006년 12월 31일까지 그 효력을 가진다."라고 규정되어 있었다.

다. 둘째, 그동안 의무교육 경비의 대부분을 국가가 부담한 것은 지방자치가 제대로 실시되지 아니하였기 때문인데 지방자치가 활성화되고 중앙정부의 권한이 지방자치단체로 이양되고 있으므로 의무교육 경비를 지방자치단체가 부담하여야 한다. 셋째, 지방자치법에 비추어볼 때 교육 및 공립학교의 설립 · 운영 · 지도는 지방자치단체의 고유사무이므로 그 재원을 지방자치단체가 조달하여야 한다. 끝으로, 국 · 공립학교 교원이 국가공무원신분이라는 이유만으로 국가가 그 봉급을 국가가 부담하여야 하는 것은 아니다.

이에 대하여 헌법재판소는 재판관 전원일치로 권한쟁의심판 청구를 각하[13]하였으며 그 이유는 다음과 같다(헌법재판소 2005. 12. 22. 선고 2004헌라3 결정). 첫째, 청구인과 피청구인 모두 인정하다시피 의무교육 경비를 국가가 전적으로 부담해야 한다는 것은 헌법적 요구가 아니다. 둘째, 의무교육 경비의 부담주체는 변경이 가능하므로 이제까지 국가가 그 부담주체였다는 사실에 대한 신뢰가 성립하지 아니한다. 셋째, 국가교육권과 지방교육자치의 조화를 도모하는 것이 헌법적 요청이고 교육기본법 및 초 · 중등교육법에서도 이러한 요청을 반영하여 국가 및 지방자치단체의 교육에 관한 권한을 규정하고 있다. 넷째, 헌법 제31조 제6항에 규정된 교육재정법정주의에 비추어 볼 때 교육을 받을 권리를 침해하지 아니하는 한 의무교육 경비의 부담주체는 국회가 자유롭게 결정할 수 있는 입법재량사항이다. 헌법재판소는 이러한 결정을 위하여 고려해야 할 요소로 중앙정부와 지방정부의 재정상황, 의무교육의 수준 등을 제시하였다. 다섯째, 의무교육을 실질적으로 그리고 다른 사람과의 형평에

13) 각하 결정은 권한쟁의심판청구가 부적합했을 경우에 내리게 된다.

도 크게 어긋나지 않게 받을 권리를 보장하기 위한 다양한 장치들을 지방교육재정교부금법 개정안에 규정하고 있다. 끝으로, 국 · 공립학교 교원의 신분을 국가공무원으로 규정한 이유는 공교육조건의 평등을 확보하기 위한 것이기 때문에 정당성을 지니고 있고 국 · 공립학교 교원의 신분과 교육재정 부담주체를 반드시 연결시켜야 하는 것도 아니다.

3) 생각해 볼 문제

1. 의무교육 경비의 부담주체가 국가였다는 사실이 관습헌법[14]에 해당될 여지는 없는가?
2. 교육정책에 관한 실질적인 권한과 의무의 주체가 반드시 일치해야 하는가?
3. 의무교육 경비의 일부를 지방자치단체가 부담하도록 하는 것이 지방교육자치의 원리[15]에 부합되는가?
4. 의무교육 경비의 일부를 지방자치단체가 부담하도록 하는 것이 국민의 교육을 받을 권리를 침해할 소지는 없는가?
5. 국회가 의무교육 경비의 부담주체를 결정할 때 어떤 사항들을

---

14) 헌법재판소가 제시한 관습헌법의 성립요건은 다음과 같다(헌법재판소 2004. 10. 21. 선고 2004헌마554 · 566 병합 결정). 첫째, 기본적 헌법사항에 관하여 어떠한 관행 내지 관례가 존재하여야 한다. 둘째, 그 관행은 국민이 그 존재를 인식하고 사라지지 않을 관행이라고 인정할 만큼 충분한 기간 동안 반복 내지 계속되어야 한다(반복 · 계속성). 셋째, 관행은 지속성을 가져야 하는 것으로서 그 중간에 반대되는 관행이 이루어져서는 아니 된다(항상성). 넷째, 관행은 여러 가지 해석이 가능할 정도로 모호한 것이 아닌 명확한 내용을 가진 것이어야 한다(명료성). 끝으로, 이러한 관행이 헌법관습으로서 국민들의 승인 내지 확신 또는 폭넓은 컨센서스를 얻어 국민이 강제력을 가진다고 믿고 있어야 한다(국민적 합의).

15) 지방교육자치는 지방자치와 문화자치의 속성을 동시에 지니고 있고 민주주의, 지방자치 그리고 교육 자주라고 하는 세 가지의 헌법적 가치를 골고루 만족시킬 수 있어야만 한다(헌법재판소 2000. 3. 30. 선고 99헌바113 결정).

고려해야만 하는가?

6. 국 · 공립학교 교원의 신분과 의무교육 경비의 부담주체는 서로 별개의 문제인가?

2. 구 사립학교법 제53조의2 제3항 위헌소원사건

구 사립학교법 제53조의2 제3항 위헌소원사건의 배경은 무엇이고 헌법재판소는 어떤 결정을 내렸으며 이와 관련된 논쟁거리는 무엇인가?

1) 사건의 배경

구 사립학교법 제53조의2 제3항(이하 이 조항이라 한다) 위헌소원사건이란 무엇을 말하는가? 이 조항에서는 대학교원의 기간제 임용제도를 규정하고 있었다.[16] 이 제도는 대학교원을 기간을 정하여 임용하고 그 임용기간이 만료되면 임면권자인 학교법인이 대학교원으로서의 적격성을 심사하여 재임용 여부를 결정하도록 하는 것이다(헌법재판소 1998. 7. 16. 선고 96헌바33 · 66 · 68, 97헌바2 · 34 · 80, 98헌바39 병합 결정). 이 제도의 목적은 정년보장으로 인한 대학교원의 무사안일을 타파하고 연구 분위기를 제고하며 대학교육의 질을 향상시키는 것이다.

2) 판례 요약

청구인은 대학교원에서 직권 면직된 후 소송을 통하여 복직 시까

16) 구 사립학교법 제53조의2 제3항(학교의 장이 아닌 교원의 임면)에는 "대학교육기관의 교원은 당해 학교법인의 정관이 정하는 바에 따라 기간을 정하여 임면할 수 있다. 이 경우 국 · 공립대학의 교원에게 적용되는 임용기간에 관한 규정을 준용한다."라고 규정되어 있었다.

지 임금 지급을 명하는 판결을 받았으나 학교법인이 복직시키지 아니하여 대학교원으로서의 신분 회복이 불가능하게 된 자다. 청구인은 이 조항이 교원의 지위에 관한 기본적인 사항을 법률로 규정하도록 한 헌법 제31조 제6항의 교원지위법정주의에 위반된다고 위헌심판을 청구하였다. 왜냐하면 이 조항이 재임용 심사의무, 재임용 거부사유, 재임용을 거부당한 교원의 구제절차와 같은 기간임용제를 실시하기 위한 절차를 규정하고 있지 아니하기 때문이다.

이에 대하여 법원은 이 조항이 교원지위법정주의에 위반되지 아니한다며 위헌심판청구를 제청하지 아니하였다. 왜냐하면 이 조항은 대학교원의 재임용 여부를 결정하는 교원인사에 대한 자율성을 인정하는 규정이므로 입법재량의 한계를 벗어났다고 볼 수 없기 때문이다. 교육부장관도 이 조항이 헌법에 위반되지 아니한다는 의견을 피력하였으나 이를 교원지위법정주의와 연결시키지는 아니하였다.

이에 대하여 헌법재판소는 재판관 7 대 2로 이 조항에 대하여 헌법불합치 결정[17]을 내렸다(헌법재판소 2003. 2. 27. 선고 2000헌바26 결정).[18] 이 결정에서 다수의견은 교원지위법정주의의 기본정신에 비추어 볼 때 교원의 지위에 관한 기본적인 사항에 교원의 신분이 부당하게 박탈되지 아니하도록 하는 최소한의 보호 의무에 관한 사

---

17) 헌법 불합치 결정은 다음 두 가지 경우에 내리게 된다. 첫째, 단순 위헌 결정을 내릴 경우 사회적 혼란이 발생할 가능성이 클 때. 둘째, 단순 위헌 결정을 내리면 국민에게 혜택을 줄 수 있는 법률적 근거가 상실되기 때문에 국민에게 주는 혜택이 상실될 위험이 있을 때.

18) 이 결정은 이 조항에 대하여 5 대 4로 합헌으로 결정하였던 헌법재판소 1998. 7. 16. 선고 96헌바33 · 66 · 68, 97헌바2 · 34 · 80, 98헌바39 병합 결정을 뒤집는 것으로 합헌 결정 이유는 본문에 제시한 결정의 반대의견에서 제시한 이유와 유사하였다. 그러나 헌법재판소는 교원지위향상법을위한특별법 제9조 제1항 등 위헌소원사건에서는 8 대 1로 본문에서 제시한 이유에 따라 이 조항에 대한 헌법불합치 결정을 그대로 유지하였다(헌법재판소 2003. 12. 18. 선고 2002헌바14 · 32 병합 결정).

항이 포함된다고 주장하였다. 그러면서 다수의견은 위헌심판 청구인이 주장했던 바와 같이 이 조항이 기간제 임용제도를 시행하기 위한 절차를 제대로 규정하지 아니하고 있기 때문에 교원지위법정주의에 위반된다고 주장하였다.

반면에 반대의견을 낸 한대현 및 하경철 헌법재판관은 교원지위법정주의는 국민의 교육을 받을 권리를 실효성 있게 보장하기 위한 것이므로 교원의 지위에 관한 기본적 사항에 교원의 권리뿐만 아니라 교원의 의무에 관한 사항도 포함된다고 주장하였다. 그러면서 이들은 이 조항이 대학교원의 신분 보장을 위한 절차를 법률로 규정하지 아니한 것은 대학의 자율성 및 사립학교의 자주성을 보장하기 위한 것이므로 교원지위법정주의의 본질을 훼손하지 아니한다고 주장하였다.

3) 생각해 볼 문제

1. 헌법 제31조 제6항에서 법률로 규정하도록 한 교원의 지위에 관한 기본적인 사항에는 교원의 신분 보장도 포함되어야 하는가?
2. 헌법 제31조 제6항에서 법률로 규정하도록 한 교원의 지위에 관한 기본적인 사항에는 교원의 의무도 포함될 수 있는가?
3. 대학의 자율성 및 사립학교의 자주성을 보장하기 위하여 교원지위법정주의에 일정한 한계를 설정할 수 있는가?
4. 대학교원 기간제 임용제도를 시행하면서 대학교원의 신분을 보장하기 위한 절차를 마련하는 것이 대학의 자율성 및 사립학교의 자주성을 침해할 소지가 있는가?

의무의 개념

의무란 무엇을 의미하는가? 의무란 자신이 하고 싶지 않더라도 해야만 하고 자신이 하고 싶더라도 할 수 없는 것을 말한다. 예를 들어, 학교와 컴퓨터 판매업자 사이에 컴퓨터 매매 계약에 따라 학교에서 컴퓨터 판매업자에게 컴퓨터 구입비용을 지불했다면 컴퓨터 판매업자는 학교에게 컴퓨터를 제공할 의무가 있고 학교는 컴퓨터 판매업자에게 컴퓨터를 제공하도록 요구할 권리가 있다. 반대로 이 계약에 따라 컴퓨터 판매업자가 학교에게 컴퓨터를 제공했다면 학교는 컴퓨터 판매업자에게 컴퓨터 비용을 지불할 의무가 있고 컴퓨터 판매업자는 학교에게 컴퓨터 비용을 지불하도록 요구할 권리가 있다.

권리와 의무는 동전의 앞면과 뒷면과 같이 늘 함께하는 것인가? 반드시 그렇다고 보기는 어렵다. 예를 들어, 공적 의무인 병역의무나 납세의무의 경우 이를 성실히 이행하였다고 하여 그 이행자에게 특정한 권리가 주어지는 것은 아니다.

의무와 법적 책임(liability)은 어떻게 다른가? 법적 책임은 의무 위반에 대하여 제재를 가하는 것을 의미한다. 예를 들어, 교사에게 의무가 있었고 교사가 이 의무를 위반하였으며 학교안전사고가 발생하였고 교사의 의무 위반과 학교안전사고 사이에 밀접한 관계가 있을 경우에만 교사는 학교안전사고에 대하여 법적 책임을 지게 된다. 법적 책임의 개념에 비추어 볼 때 교육기본법 제1조에 명시된 "국가 및 지방자치단체의 책임"은 법적 책임이 아닌 행정상의 책임(responsibility)을 의미하는 것으로 권한과 대비시키기 위하여 '책임' 이라는 표현을 쓴 듯하나 법적으로는 국가와 지방자치단체의 의무가 맞는 표현이다.

교육의무의 의의

헌법은 왜 교육을 국민과 국가의 공동 의무로 규정하고 있는가? 이에 대한 헌법재판소의 대답은 교육의 의의 및 교육을 받을 권리의 실효성 있는 보장이다.

1. 교육의 의의

헌법이 교육을 국민과 국가의 공동 의무로 규정하고 있는 것과 교육의 의의는 어떤 관계가 있는가? 헌법재판소는 이에 대하여 헌법의 기본원리인 사회국가 · 복지국가 · 문화국가 · 민주국가에서 교육이 차지하는 중요성을 그 해답으로 제시하였다(헌법재판소 1991. 2. 11. 선고 90헌가27 결정; 헌법재판소 1994. 2. 24. 선고 93헌마192 결정; 헌법재판소 2003. 2. 27. 선고 2000헌바26 결정; 헌법재판소 2003. 12. 18. 선고 2002헌바14 · 32 병합 결정). 첫째, 교육은 개인적 측면에서 개인에게 직업생활에 필요한 역량을 갖추도록 함으로써 삶의 수요를 자주적으로 충족시킬 수 있도록 하기 때문에 교육 기회의 균등한 보장은 사회국가의 실현을 위한 중요한 수단이 된다. 둘째, 교육은 사회적 측면에서 학문연구결과를 공유할 수 있는 장을 마련함으로써 문화국가의 실현을 촉진한다. 끝으로, 교육은 정치적 측면에서 개인에게 민주시민으로서의 자질을 함양시킴으로써 민주주의가 원활하게 작동하기 위한 정치문화의 기반을 조성한다.

2. 교육을 받을 권리의 실효성 있는 보장

헌법이 교육을 국민과 국가의 공동 의무로 규정하고 있는 것과 교육을 받을 권리의 실효성 있는 보장은 어떤 관계가 있는가? 이에 대하여 헌법재판소는 다음 두 가지 관점에서 이 관계에 접근하고 있다. 첫째, 미성년자인 자녀는 독립하여 생활할 수 없으므로 이들의 교육을 받을 권리를 실효성 있게 보장하기 위해서는 국민과 국가에게 교육의무를 부과할 수밖에 없고 이를 명문화한 것이 헌법 제31조 제2항 및 제3항에 규정된 의무교육이다(헌법재판소 1994. 2. 24. 선고 93헌마192 결정).

둘째, 헌법재판소는 교육을 받을 권리의 요체를 교육의 기회 균등 보장으로 이해하면서 이를 국민의 권리인 동시에 국가의 의무로 간주하고 있다(헌법재판소 1994. 2. 24. 선고 93헌마192 결정; 헌법재판소 2003. 11. 27. 선고 2003헌바39 결정). 다시 말해서 권리의 측면은 이미 제1장에서 설명한 바와 같이 교육 기회의 비합리적인 차별의 배제를 의미하며, 의무의 측면은 모든 국민이 균등한 교육을 받고 특히 경제적 약자가 실질적인 평등교육을 받을 수 있는 적극적인 정책을 실현하는 것을 말한다. 이에 따라 헌법에서는 의무교육대상자 중 사회경제적 이유로 의무교육을 받지 못하는 사람이 없도록 하기 위하여 국민과 국가에게 교육의무를 부과하고 있는 것이다(헌법재판소 1991. 2. 11. 선고 90헌가27 결정).

의무교육은 국민과 국가 중 누구에게 의무를 부과하는 측면이 보다 더 중요한 의미를 가지는가? 이에 대하여 헌법재판소는 한국 사회의 높은 교육열과 상급학교진학률, 학부모들의 교육비 부담의 증가 등을 고려하여 의무교육이 국민보다는 국가에게 의무를 부과하는 측면이 보다 더 중요한 의미를 가진다고 주장하였다(헌법재판소 1991. 2. 11. 선고 90헌가27 결정).

국민의 의무

헌법은 국민에게 어떤 교육의무를 부과하고 있는가? 헌법 제31조 제2항에 의하면 "모든 국민은 그 보호하는 자녀에게 적어도 초등교육과 법률이 정하는 교육을 받게 할 의무가 있다."

여기서 보호자란 누구를 가리키는가? 헌법재판소는 이를 "친권자 또는 후견인"으로 좁게 해석하고 있다(헌법재판소 1991. 2. 11. 선고 90헌가27 결정). 반면에 국가인권위원회는 친권자 및 후견인은 물론 사실상 학생을 보호하고 있는 자까지 포함하는 것으로 이해하고 있다(국가인권위원회 2003. 5. 7. 자 02진치70 결정). 교육법학자들은 헌법재판소와 같은 입장을 보이고 있다(김범주, 2001: 94; 조석훈 · 김용, 2007: 561, 668; 허재욱, 2003: 55).

그러나 헌법학자들의 견해는 다양하다. 다수의 헌법학자들은 헌법재판소와 유사한 견해를 보이고 있다(계희열, 2004: 721, 812; 권영성, 2007: 655, 705; 김기영, 2002: 828, 905; 김철수, 2007: 975; 성낙인, 2007: 601, 680; 양건, 2007: 637; 오호택, 2006: 267, 316; 장영수, 2007: 927; 홍성방, 2007: 561, 668). 그러나 부모 등 보호자(윤명선, 2004: 623, 698), 부모와 보호자(허영, 2007: 430, 598), 친권자나 보호자(김철수, 2007: 1169; 박종국, 2005: 267; 이준일, 2007: 865; 정종섭, 2007: 735) 등과 같이 보호자를 부모나 친권자 이외에 별도로 제시하는 헌법학자들도 있다.

헌법이 보호자에게 요구하는 의무로서의 교육은 무엇을 의미하는가? 이에 대하여 헌법재판소는 다양한 견해를 보이고 있다. 첫 번째 견해는 헌법 제31조 제2항을 문리 해석[19)]하여 "교육을 받게 할 의무"라고 표현하면서 교육에 어떤 한정어도 붙이지 아니하는 경우이다(헌법재판소 1992. 10. 1. 선고 92헌마68 · 76 병합 결정; 헌법재판소 1992. 11. 12. 선고 89헌마88 결정; 헌법재판소 1994. 2. 24. 선고 93헌마192 결정; 헌법재판소 1999. 3. 25. 선고 97헌마130 결정). 두 번째 견해는 "국가가 제공하는 의무교육을 받게 해야 할 부모의 의무"라고 표현함으로써 의무교육의 제공 주체를 국가로 한정하고 있으나 국가가 제공하는 의무교육의 의미나 범위를 명료화하지 아니하는 경우이다(헌법재판소 2000. 4. 27. 선고 98헌가16, 98헌마429 병합 결정). 세 번째 견해는 "그 보호하는 자녀를 초등교육과 법률이 정하는 교육에 취학시킬 의무"라고 표현함으로써 의무교육의 범위를 학교교육으로 한정하는 경우다(헌법재판소 1991. 2. 11. 선고 90헌가27 결정).

이 중 어떤 견해가 가장 타당한가? 헌법 제31조 제2항을 문리 해석할 경우 학교에 취학시킬 취학의무가 아닌 교육을 받게 할 교육의무로 해석하는 첫 번째 견해가 가장 타당하다고 생각한다. 이 견해에 따를 경우 교육을 받을 장소를 반드시 학교로 한정할 필요가 없으며 홈스쿨링(home schooling)도 허용될 수 있다. 홈스쿨링이란 가정에서 부모 또는 부모가 고용한 교사가 그 자녀를 교육시키는 것을 의미한다. 그러나 초 · 중등교육법 제13조에서는 이를 취학의무로 좁게 해석하고 있고 이에 따라 제68조 제1항 제1호에서는 취학의무를 이행하지 아니한 보호자에게 과태료 100만 원을 부과하고 있다.

---

19) 문리 해석이란 법 문장을 구성하고 있는 어구나 문장의 뜻을 문법이나 상식에 근거하여 해석하는 방법을 의미한다.

헌법 제31조 제2항에 규정된 "법률이 정하는 교육"은 무엇을 의미하는가? 교육기본법 제8조 제1항에서는 이를 "3년의 중등교육"으로 규정하고 있다.

헌법 제31조 제2항에 규정된 의무교육은 의무로서의 성격만 가지고 있는 것인가? 첫째, 국가 및 지방자치단체의 입장에서 의무교육은 의무로서의 성격을 지니고 있으며 이에 따라 국가 및 지방자치단체는 국민이 보호하는 자녀의 취학을 이행하도록 독려하고 의무교육을 위한 조건을 정비할 의무가 있다. 둘째, 보호자의 입장에서 의무교육은 권리이자 의무로서의 성격을 지니고 있다. 이는 친권의 이중적 성격에서 유래하는 것이다. 셋째, 자녀의 입장에서 의무교육은 권리로서의 성격을 지니고 있을 뿐 헌법이 직접적으로 의무를 부과한다고 보기는 어렵다. 이에 따라 교육기본법 제8조 제2항에서는 의무교육을 받는 것을 모든 국민의 권리로 명시하고 있다. 마지막으로 의무교육은 제도로서의 성격도 지니고 있다(헌법재판소 1991. 2. 11. 선고 90헌가27 결정). 즉, 의무교육은 교육제도의 일종으로서 국민의 교육을 받을 권리를 보호하기 위한 최소한의 내용을 제도로서 규정한 것이다.

자녀의 의무교육에 대한 권리는 헌법상의 권리인가 법률상의 권리인가? 지리적 여건을 고려한 중학교 의무교육의 순차적 실시를 규정한 구 교육법 제8조의2에 관한 위헌심판사건에서 헌법 제31조 제2항에 명시적으로 규정된 초등교육이 헌법상의 권리라는 것에 대해서는 헌법재판소 재판관들 사이에 의견의 일치가 있었다(헌법재판소 1991. 2. 11. 선고 90헌가27 결정).

그러나 중등교육에 대해서는 헌법재판관들 사이에 의견 대립이 있었다. 다수의견은 법률이 정하는 교육의 범위 및 시행절차가 입법재량사항이기 때문에 중등교육은 법률로 구체화될 때에만 헌법상의 권리로 성립될 수 있다고 주장하였다. 반면에 변정수 헌법재판관은 헌법의 개정 없이 의무교육의 실시범위를 확대할 수 있도록 하려는 헌법 제31조 제2항의 역사적 배경 및 헌법제·개정권자의 의도를 고려할 때 중등교육도 헌법 규정에 의하여 직접 보장되는 권리라고 해석하였다.[20)]

국가 및 지방자치단체의 의무

헌법은 국가 및 지방자치단체에게 어떤 교육의무를 부과하고 있는가? 그 해답은 다음과 같다.

1. 헌법에 명시되지는 아니하였지만 교육을 받을 권리로부터 도출될 수 있는 의무

헌법에 명시되지는 아니하였지만 교육을 받을 권리로부터 도출될 수 있는 의무란 무엇을 의미하는가? 첫째, 교육조건의 정비 의무로서 인적 조건으로서의 교원의 양성, 물적 조건으로서의 학교의 설치·유지 및 인건비, 기존 시설 유지비, 신규 시설 투자비의 확보 등을 의미한다(헌법재판소 1991. 2. 11. 선고 90헌가27 결정). 둘째, 사인간의 출발 기회에서의 불평등을 완화해야 할 의무로서 교육비의 보조나 학자금의 융자, 사교육의 영역에서 사인의 교육의 지원 및 장려 등과 같은 교육영역에서의 사회적 급부의 확대를 가리킨다(헌법재판소 2000. 4. 27. 선고 98헌가16, 98헌마429 병합 결정). 그러나 이 의

---

20) 강인수(2000·2001: 110-111)도 이와 유사한 견해를 보이고 있다.

무가 국가가 사교육을 억제함으로써 모든 국민에게 균등한 교육을 보장하는 것을 의미하는 것은 아니다.

상기한 의무는 누가 부담하여야 하는가? 사인 간의 출발 기회에서의 불평등을 완화해야 할 의무의 경우 헌법재판소는 국가가 부담하여야 한다는 입장을 보이고 있다(헌법재판소 2000. 4. 27. 선고 98헌가16, 98헌마429 병합 결정). 반면에 교육조건의 정비 의무의 경우 헌법재판소의 결정은 국가만 명시한 경우(헌법재판소 1991. 7. 22. 선고 89헌가106 결정; 헌법재판소 2000. 4. 27. 선고 98헌가16, 98헌마429 병합 결정; 헌법재판소 2001. 2. 22. 선고 99헌바93 결정; 헌법재판소 2003. 9. 25. 선고 2001헌마814 · 815 · 816 · 817 · 818 · 819 병합 결정; 헌법재판소 2005. 11. 24. 선고 2003헌마173 결정)와 국가 및 지방자치단체의 공동 의무로 규정한 경우(헌법재판소 1991. 2. 11. 선고 90헌가27 결정)로 양분되고 있다.

후자와 관련하여 어떤 견해가 보다 타당한가? 지방교육자치의 실질적 구현이라는 차원에서 국가 및 지방자치단체의 공동 의무로 보는 견해가 타당하다고 생각한다. 이에 따라 교육기본법 제3장 교육의 진흥편에서는 국가 및 지방자치단체의 교육의무를 규정하고 있다.

헌법에서 사인 간의 출발 기회에서의 불평등을 완화해야 할 의무를 국가에 부과하고 있는 이유는 무엇인가? 우선 출발 기회가 다르다면 이미 공정한 경쟁이 이루어지기 힘들기 때문에 이를 시정함으로써 교육의 기회를 균등하게 보장할 수 있다. 또한 교육은 문화로서의 속성을 지니고 있기 때문에 교육을 받음으로써 문화인에게 필요한 교양을 습득할 수 있고 이는 문화국가를 실현할 수 있는 기초가 된다.

또한 헌법에서 교육조건의 정비 의무를 국가 및 지방자치단체에게 부과하는 이유는 무엇인가? 이에 대해서는 능력과 평등 중 어디에 중점을 두느냐에 따라 헌법재판소의 견해에 차이가 있다. 헌법재판소는 능력에 초점을 맞출 경우 모든 국민의 자신의 능력에 따른 교육의 실현이라고 주장하고 있다(헌법재판소 2000. 4. 27. 선고 98헌가16, 98헌마429 병합 결정; 헌법재판소 2001. 2. 22. 선고 99헌바93 결정). 반면에 평등에 주안점을 두는 견해는 교육의 기회 균등 보장을 그 해답으로 제시하고 있다(헌법재판소 1991. 7. 22. 선고 89헌가106 결정; 헌법재판소 2003. 9. 25. 선고 2001헌마814 · 815 · 816 · 817 · 818 · 819 병합 결정; 헌법재판소 2005. 11. 24. 선고 2003헌마173 결정).

2. 무상의무교육

무상의무교육이란 무엇을 의미하며 누가 의무교육 경비를 부담하여야 하는가? 그 해답은 다음과 같다.

1) 무상의무교육의 의미

헌법 제31조 제3조에서 규정하고 있는 무상의무교육이란 무엇을 의미하는가? 이는 의무교육을 무상으로 실시한다는 의미다.

의무교육은 왜 무상으로 하여야 하는가? 의무교육은 자력이 없는 보호자가 실현하기에는 어려운 요구이기 때문이다(계희열, 2004: 813; 김철수, 2007: 975; 전광석, 2007: 341).

무상교육과 의무교육은 어떤 관계가 있는가? 의무교육은 무조건 무상으로 하여야 하지만 무상교육이라고 하여 모두 의무교육인 것은 아니다. 우선 유아교육법 제24조 제1항에 의하면 초등학교 취학 직전 1년의 유아교육은 대통령령이 정하는 바에 따라 순차적으로 무상으로 실시하도록 되어 있지만 의무교육은 아니다. 또한 장애인 등에 대한 특수교육법 제3조 제1항에 의하면 고등학교 과정을 졸업한 특수교육대상자에게 진로 및 직업교육을 제공하기 위하여 특수교육기관에 설치한 수업연한 1년 이상의 전공과와 만 3세 미만의 장애영아교육은 무상이지만 의무교육은 아니다.

무상의 범위는 어디까지인가? 이에 대해서는 학설의 대립이 있다. 첫 번째 견해는 수업료 무상설로서 수업료와 입학금을 무상으로 해야 한다는 입장이다(송요원, 2003: 778-780). 두 번째 견해는 취학필수비 무상설로서 수업료는 물론 교과용도서 구입비, 급식비, 학교용품비, 통학비 등 취학필수비까지 무상으로 하여야 한다는 입장이다(계희열, 2004: 722; 권영성, 2007: 655, 706; 김기영, 2002: 907; 김범주, 2001: 96; 김철수, 2007: 977; 성낙인, 2007: 602, 681; 윤명선, 2004: 625; 허재욱, 2003: 56). 세 번째 견해는 당위론적으로는 취학필수비 무상설이 타당하나 현실론적으로 수업료 무상설이 불가피하므로 국가 재정여건을 고려하여 무상의 범위를 넓혀 나가야 한다는 입장이다(정현승 2005: 235).

이에 대하여 헌법재판소는 "입학금 · 수업료 등"이라고 표현함으로써 해석상의 논란을 야기하고 있다. 현재 한국에서는 수업료와 교과용도서 구입비는 모든 학생에게 무상으로 하고 있고 급식비는 일정 조건을 갖춘 학생에 한하여 무상으로 하거나 그 일부를 보조하고 있다.

수업료란 무엇을 의미하는가? 수업료의 개념을 정의한 법령은 아직까지 존재하지 아니한다. 이로 인하여 수업료와 학교운영지원비의 관계가 문제가 되고 있다. 학교운영지원비란 기존의 육성회비, 사친회비 등을 의미하는데, 그 조성 · 운용 및 사용에 관한 사항을 초 · 중등교육법 제32조 제1항 제7호에서 국 · 공립학교운영위원회의 심의사항으로 규정하고 있고, 제2항에서 사립학교운영위원회의 자문사항으로 명시하고 있다. 현재 초등학교에서는 학교운영지원비를 조성하지 아니하고 있으나 중학교에서는 학교운영위원회의 심의 또는 자문을 거쳐 조성 · 운용 · 사용하고 있다.

중학교에서 학교운영지원비를 조성 · 운용 · 사용하는 것은 헌법에 위반되는가? '학교운영지원비 폐지를 위한 시민모임'에서는 다음 두 가지 이유 때문에 이에 대하여 헌법소원 및 반환청구소송을 제기한 상태다.[21] 첫째, 학교운영비와 수업료는 거의 동일하므로 헌법 제31조 제3항에 규정된 무상의무교육 원칙에 위반된다. 즉, 학교운영지원비는 학교예산에 통합되어 교원연구비, 학생지도비, 학교회계직원 보수 및 교육과정 운영을 위하여 채용하는 일용직 인건비 등으로 쓰이고 있고 실제로는 교육청이나 교장단에서 그 액수를 결정하고 있으므로 수업료와 동일하다. 둘째, 같은 의무교육기관인 초등학교는 학교운영지원비를 징수하지 아니하는 데 반하여 중학교만 이를 징수하고 있으므로 양자를 비합리적으로 차별하고 있다.

이에 대하여 교육인적자원부는 학교운영지원비가 법제상으로 학교운영위원회의 자율적 결정사항이므로 무상의무교육의 원칙에 위반되지 아니한다고 주장하였다. 이와 더불어 교육인적자원부는 교장단 회의에서 학교운영지원비의 금액을 정해 획일적으로 징수하는 것에 대해서는 시정조치토록 할 예정이라는 입장을 밝혔다. 또한 교육인적자원부는 시 · 도교육청이 2조 원 이상의 부채를 가지고

21) 이 내용은 사단법인 참교육을 위한 전국 학부모회 홈페이지(http://www.hakbumo.or.kr/) 자료마당에 탑재된 학교운영지원비 반환청구 소송 제기 기자회견 자료를 토대로 작성한 것이다.

있고 학교설립 및 교육환경을 개선하기 위하여 추가적인 재정 수요가 필요하므로 학교운영지원비를 당장 폐지하는 것은 학교운영에 지장을 초래할 우려가 있다고 주장하였다. 마지막으로 외국에서도 학부모로부터 자진협찬비를 징수하고 있으며 이는 부족한 학교운영비의 보충과 함께 학부모의 학교운영에의 참여 기회 제공이라는 의의도 지니고 있음을 강조하였다.[22)]

사립학교 신입생 및 재학생의 경우 수업료를 면제시켜 주어야 하는가? 이에 대하여 헌법재판소는 중학교의 경우 학교선택권이 제한되어 있으므로 면제시켜 주어야 한다고 주장하였다(헌법재판소 1991. 2. 11. 선고 90헌가27 결정). 반면에 헌법학자들 및 교육법학자들은 국 · 공립학교의 수용능력이 있음에도 불구하고 자진하여 사립학교를 선택하였으므로 사립초등학교에서의 수업료 징수가 무상의무교육조항에 위반되지 아니한다고 주장하고 있다(계희열, 2004: 722; 권영성, 2007: 655, 706; 김기영, 2002: 830; 김범주, 2001: 96-97; 김철수, 2007: 977; 성낙인, 2007: 602; 오호택, 2006: 268, 316; 윤명선, 2004: 699; 허재욱, 2003: 56). 그러나 이러한 주장은 사립초등학생의 보호자도 세금을 내기 때문에 형평성의 문제를 야기할 소지가 있고 학교선택의 제약요인으로 작용할 수 있다는 한계를 지니고 있다. 초 · 중등교육법 제12조 제4항에서는 의무교육단계의 국 · 공립학교 학생은 물론 사립학교 학생에게도 수업료를 면제시켜 주고 있다. 그러나 제10조에서는 의무교육 이외의 단계의 경우 국민의 교육을 받을 권리의 본질적 내용을 침해하지 아니하는 범위 내에서 학교 설립자나 경영자

22) 이 내용은 교육인적자원부 지방교육재정담당관실 성삼제 및 정형태 사무관이 2007년 4월 13일 발표한 학교운영지원비 반환 소송 관련 해명자료에 근거하여 작성한 것이다.

가 수업료 기타 납부금을 징수할 수 있도록 규정하고 있다.

2) 의무교육 경비의 부담주체

의무교육 경비는 누가 부담하여야 하는가? 이와 관련하여 다음과 같은 두 가지 문제가 논란의 대상이 되었다.

첫째, 의무교육 경비의 일부를 부담금 형식으로 특정집단에게 부과할 수 있는가? 부담금이란 특정한 공익사업을 위하여 법률이 정하는 바에 따라 부과하는 조세 이외의 금전지급의무를 의미한다(부담금관리법 제2조 참조). 헌법재판소는 재판관 전원일치로 의무교육 경비의 일부를 부담금 형식으로 특정집단에게 부과하는 것이 헌법에 위반된다고 결정하였으며 그 이유는 다음과 같다(헌법재판소 2005. 3. 31. 선고 2003헌가20 결정).

우선 의무교육에 필요한 학교시설은 국가의 일반적 과제이고, 학교용지는 의무교육을 시행하기 위한 물적 기반으로서 필수조건이다. 또한 헌법 제31조 제6항에 규정된 교육재정법정주의는 확보되거나 확보할 일반재정 중 다른 부분을 희생해서라도 헌법과 법률이 정한 의무교육의 무상 원칙을 달성하여야 한다는 국가의 의무를 밝힌 것이다. 왜냐하면 이 조항은 무상에 의한 교육을 받을 권리의 실효성 있는 보장을 위하여 필요한 최소한의 국가적 책무를 헌법에 정한 것으로서 의무교육제도는 보호자보다는 국가에게 의무를 부과하는 측면이 강하기 때문이다.

의무교육 이외의 경비의 일부를 부담금 형식으로 특정집단에 부과해도 되는가? 헌법재판소는 이러한 부담금이 국민의 재산권을 침해할 소지가 있으므로 그 위헌 여부를 평등의 원칙 및 과잉금지의 원칙에 근거하여 심사하여야 한다고 주장하였다(헌법재판소 2005. 3.

31. 선고 2003헌가20 결정). 평등의 원칙이란 비합리적인 차별은 금지한다는 의미로서 헌법재판소는 그 위반 여부를 부담금의 성격, 의무자집단의 동질성 여부, 의무자집단과 부담금의 목적과의 특별한 관련성 여부 등에 근거하여 심사하였다.

다음 과잉금지의 원칙이란 주 5에서 설명한 기본권 제한요건 중 목적요건과 방법요건을 의미한다. 헌법재판소는 방법요건 중 방법의 적절성을 납부의무자의 선정, 부과대상 사업의 선정, 부과기준, 징수된 부담금의 사용 등 납부의무자들과의 관련성에 근거하여 심사하였다(헌법재판소 2005. 3. 31. 선고 2003헌가20 결정). 또한 헌법재판소는 피해의 최소성을 부담금이 사실상 이중과세나 이중의 부담금 부과에 해당되는지 여부를 근거로 판단하였다(헌법재판소 2005. 3. 31. 선고 2003헌가20 결정).

의무교육 경비는 국가 및 지방자치단체가 공동으로 부담하여야 하는가? 이에 대하여 헌법재판소는 다음과 같은 이유 때문에 공동부담으로 할 수 있다고 결정하였다(헌법재판소 2005. 12. 22. 선고 2004헌라3 결정). 첫째, 의무교육 경비의 공동 부담 여부는 교육을 받을 권리를 침해하지 아니하는 한 국회가 결정할 사항이다. 둘째, 의무교육 경비를 국가만이 부담해야 한다는 헌법상의 명문규정이 없다. 셋째, 이 경비를 국가와 지방자치단체가 공동으로 부담하는 것이 국가교육권과 지방교육자치의 조화를 도모하는 헌법적 요청에 부합된다. 끝으로, 국 · 공립학교 교원의 신분이 국가공무원이라는 사실과 의무교육 경비의 부담주체는 서로 별개의 문제다.

의무교육 경비를 국가 및 지방자치단체가 공동으로 부담한다고 할 때 궁극적인 부담주체는 누구인가? 이 경비의 원천이 조세이므로 국민이라고 할 수 있을 것이다(헌법재판소 1991. 7. 22. 선고 89헌가

106 결정; 헌법재판소 2006. 12. 28. 선고 2004헌바67 결정).

3. 평생교육의 진흥

왜 헌법 제31조 제5항에서는 평생교육을 진흥하여야 할 의무를 국가에게 부과하고 있는가? 첫째, 평생교육은 시대적 요청이고 개인의 능력 개발 및 국가의 발전에 기여할 수 있다(권영성, 2007: 654; 성낙인, 2007: 602; 장영수, 2007: 829; 전광석, 2007: 341; 정종섭, 2007: 645; 허재욱, 2003: 61). 둘째, 국가의 개입과 지원을 통해서만 체계적이고 조직적인 평생교육을 실시할 수 있다(계희열, 2004: 723). 끝으로, 평생교육을 통하여 헌법의 기본원리를 성취할 수 있다(김기영, 2002: 830).

국가의 평생교육 진흥 의무로부터 국민의 평생교육을 받을 권리를 도출할 수 있는가? 계희열(2004: 722-723), 김기영(2002: 830), 김철수(2007: 983) 등 일부 헌법학자들은 이를 도출하고 있으나 헌법 제31조 제5항은 어디까지나 국가의 의무에 관한 규정이고 이로 인하여 국민이 이익을 본다고 하더라도 이는 반사적 이익에 불과하므로 국가의 평생교육 진흥 의무로부터 국민의 평생교육을 받을 권리를 도출하는 것은 무리라고 생각한다. 반사적 이익이란 법 집행의 과정에서 반사적 효과로 얻어지는 이익을 의미한다.

평생교육을 받을 권리는 헌법으로부터 도출될 수 없는가? 헌법 제31조 제1항에서는 교육을 받을 권리를 규정하고 있고 이 교육의 범위에는 헌법 제31조 제5항 및 제6항과의 규범조화적 해석을 고려할 때에 평생교육도 포함될 수 있으므로 헌법 제31조 제1항으로부터 평생교육을 받을 권리를 도출할 수 있다.

평생교육을 받을 권리에는 어떤 내용이 포함될 수 있는가? 김기영(2002: 830)과 김철수(2007: 983)는 이 권리에 교육조건의 정비와 교육내용에 대한 권리를 포함시키면서 국민의 알 권리(the right to know)와의 관련성을 부각시키고 있다.

평생교육은 어떤 이념을 지향하여야 하는가? 평생교육법 제4조에서는 다음 네 가지를 명시하고 있다. 첫째, 모든 국민은 평생교육의 기회를 균등하게 보장받아야 한다. 둘째, 평생교육은 학습자의 자유로운 참여와 자발적인 학습을 기초로 이루어져야 한다. 셋째, 평생교육은 정치적 · 개인적 편견의 선전을 위한 방편으로 이용되어서는 아니 된다. 끝으로, 일정한 평생교육을 이수한 자에게는 그에 상응한 대우를 부여하여야 한다.

4. 법률의 정비

헌법 제31조 제6항에 규정된 교육법정주의의 의의, 성격, 내용 그리고 한계는 무엇인가? 교육법정주의란 교육제도와 그 운영, 교육재정 그리고 교원의 지위에 관한 기본적인 사항을 법률로 규정하는 것을 의미한다.

1) 의의

법률이란 무엇을 의미하는가? 법률은 국민의 대표자로서 민주적 정당성을 가진 국회가 제정하는 법을 말한다(헌법재판소 2006. 5. 25. 선고 2004헌바72 결정).

왜 법률로 규정하도록 하고 있는가? 이에 대하여 헌법재판소는 다음 네 가지 이유를 제시하고 있으며 헌법학자들도 대체로 이에 동의하고 있다. 첫째, 제1장 '권리로서의 교육'에서 설명한 바와 같이 교육을 통하여 헌법의 기본원리를 실현할 수 있다(헌법재판소 1992. 11. 22. 선고 89헌마88 결정; 헌법재판소 1997. 12. 24. 선고 95헌바29, 97

헌바6 병합 결정; 헌법재판소 2000. 3. 30. 선고 99헌바14 결정; 헌법재판소 2003. 2. 27. 선고 2000헌바26 결정; 헌법재판소 2003. 12. 18. 선고 2002헌바14 · 32 병합 결정).

둘째, 의회민주주의와 법치주의를 구현할 수 있다. 즉, 국회는 국민의 대표기관이고 헌법 제31조 제6항에서 법률로 규정하도록 명시한 사항의 형성과 변경이 국회에서의 합리적이고 민주적인 절차에 따라 이루어짐으로써 이러한 형성과 변경이 한 시대와 국가 · 사회공동체의 이념 및 윤리와 조화될 수 있다(헌법재판소 1991. 7. 22. 선고 89헌가106 결정; 헌법재판소 1998. 7. 16. 선고 96헌바33 · 66 · 68, 97헌바2 · 34 · 80, 98헌바39 병합 결정; 헌법재판소 2006. 5. 25. 선고 2004헌바72 결정).

셋째, 모든 국민의 능력에 따라 균등하게 교육을 받을 권리를 실효성 있게 보장한다(헌법재판소 1992. 10. 1. 선고 92헌마68 · 76 병합 결정; 헌법재판소 1992. 11. 22. 선고 89헌마88 결정; 헌법재판소 1998. 7. 16. 선고 96헌바33 · 66 · 68, 97헌바2 · 34 · 80, 98헌바39 병합 결정; 헌법재판소 1999. 3. 25. 선고 97헌마130 결정). 끝으로, 교육에 대한 특정 정치세력이나 행정기관의 부당한 간섭에 의해 국민의 교육을 받을 권리가 침해되는 일이 없도록 예방조치를 강구함으로써 교육의 자주성과 중립성을 유지한다(헌법재판소 1991. 2. 11. 선고 90헌가27 결정; 헌법재판소 1991. 7. 22. 선고 89헌가106 결정; 헌법재판소 1992. 11. 22. 선고 89헌마88 결정; 헌법재판소 1994. 2. 24. 선고 93헌마192 결정; 헌법재판소 1998. 7. 16. 선고 96헌바33 · 66 · 68, 97헌바2 · 34 · 80, 98헌바39 병합 결정; 헌법재판소 1999. 3. 25. 선고 97헌마130 결정; 헌법재판소 2000. 3. 30. 선고 99헌바14 결정; 헌법재판소 2001. 4. 26. 선고 2000헌가4 결정).

2) 성격

이러한 법률의 정비는 권한인가 의무인가? 이에 대한 헌법재판소의 결정은 권한으로 보는 견해(헌법재판소 1991. 7. 22. 선고 89헌가106 결정), 의무로 보는 견해(헌법재판소 1991. 2. 11. 선고 90헌가27 결정; 헌법재판소 1991. 7. 22. 선고 89헌가106 결정) 그리고 권한과 의무로 보는 견해(헌법재판소 2000. 4. 27. 선고 98헌가16, 98헌마429 병합 결정; 헌법재판소 2001. 1. 18. 선고 99헌바63 결정)가 대립하고 있다.

이 중 어느 견해가 가장 타당한가? 권한과 의무로 보는 견해가 가장 타당하다고 생각한다. 우선 권한으로 보아야 하는 이유는 법률로 규정해야 할 기본적인 사항에 해당되는지 여부를 판단하는 것은 일차적으로 국회의 몫이고 이에 따라 국회는 법률 제·개정에 관한 광범위한 자유를 누릴 수 있기 때문이다. 또한 의무로 보아야 하는 이유는 교육제도와 그 운영, 교육재정 그리고 교원의 지위에 관한 기본적인 사항을 규정할 법을 행정부가 아니라 반드시 국회가 제정하여야 한다는 것이 교육법정주의의 요청이요 명령이기 때문이다.

3) 내용

헌법에서 법률로 규정하도록 명시하고 있는 사항은 무엇인가? 교육제도와 그 운영, 교육재정 그리고 교원의 지위에 관한 기본적인 사항이다. 교육제도란 교육재정과 교원의 지위에 관한 사항 이외에 교육과 관련한 국가 내지 지방자치단체 차원에서 통일이 요청되는 제반사항을 의미하며(김기영, 2002: 294), 학교제도와 사회교육제도를 모두 포함한다(헌법재판소 2000. 3. 30. 선고 99헌바14 결정; 헌법재판소 2001. 2. 22. 선고 99헌바93 결정). 교육재정이란 국가나 지방자치단체가 교육활동을 지원함에 필요한 재원을 확보하고 배분하며 평가하는 일련의 활동을 가리킨다(권영성, 2007: 268). 교원의 지위는 "교원 직무의 중요성 및 그 직무수행능력에 대한 인식의 정도에 따라서 교원에게 주어지는 사회적 대우 또는 존경과 교원의 근무조건 · 보수 및 그 밖의 물적 급부 등을 모두 포함하는 의미다."(헌법재판소 1991. 7. 22. 선고 89헌가106 결정; 헌법재판소 1998. 7. 16. 선고 96헌바33 · 66 · 68, 97헌바2 · 34 · 80, 90헌바39 병합 결정; 헌법재판소 2003. 2. 27. 선고 2000헌바26 결정; 헌법재판소 2003. 12. 18. 선고 2002헌바14 · 32 병합 결정; 헌법재판소 2006. 5. 25. 선고 2004헌바72 결정)[23]

그렇다면 기본적인 사항이란 무엇을 의미하는가? 이는 교육을 받을 권리의 실현과 형성을 위한 본질적인 사항으로서(헌법재판소 1994. 2. 24. 선고 93헌마192 결정) 교육에 관한 기본정책 또는 기본방침을 말한다(헌법재판소 1991. 2. 11. 선고 90헌가27 결정). 반면에 교육제도에 관한 기본방침을 제외한 나머지 세부적인 사항, 즉 국회가 정한 기본방침을 구체화하거나 이를 집행하기 위한 세부시행 사항은 기본적인 사항에 해당되지 아니한다(헌법재판소 1991. 2. 11. 선고 90헌가27 결정).

교육제도에 관한 기본적인 사항은 교육의 방침과 내용, 교육행정의 조직, 교육 및 그 감독 등에 관한 제도를 가리킨다(계희열, 2004: 727; 김기영, 2002: 831; 김철수, 2007: 984; 윤명선, 2004: 628-629; 정종섭, 2007: 653; 헌법재판소 1994. 2. 24. 선고 93헌마192 결정). 교원의 지위에 관한 기본적인 사항이란 "다른 직종의 종사자들의 지위에 비하여 특별히 교원의 지위를 법률로 정하도록 한 헌법규정의 취지나

23) 고전(1997: 174)은 교사의 법적 지위의 개념을 협의와 광의로 구분하고 있다. 전자는 교사의 권리 · 의무 · 책임과 같은 신분을 의미하고 후자는 여기에다 법률로 규정된 교사의 지위의 여러 측면들까지 포괄하는 개념이다.

교원이 수행하는 직무상의 특성에 비추어 볼 때, 교원이 자주적 · 전문적 · 중립적으로 학생을 교육하기 위하여 필요한 중요한 사항" 을 의미한다(헌법재판소 2003. 2. 27. 선고 2000헌바26 결정; 헌법재판소 2003. 12. 18. 선고 2002헌바14 · 32 병합 결정; 헌법재판소 2006. 2. 23. 선고 2005헌가7, 2005헌마1163 병합 결정; 헌법재판소 2006. 5. 25. 선고 2004헌바72 결정).

교원의 지위에 관한 기본적인 사항에는 어떤 것들이 포함될 수 있는가? 첫째, 교원 신분에 대한 최소한의 보호로서 교육의 자주성 · 전문성 · 정치적 중립성을 보장하기 위함이다(헌법재판소 1998. 7. 16. 선고 95헌바19 · 26 · 30 · 42 · 61, 96헌마75 병합 결정; 헌법재판소 1998. 7. 16. 선고 96헌바33 · 66 · 68, 97헌바2 · 34 · 80, 98헌바39 병합 결정; 헌법재판소 2003. 2. 27. 선고 2000헌바26 결정; 헌법재판소 2003. 12. 18. 선고 2002헌바14 · 32 병합 결정; 헌법재판소 2006. 4. 27. 선고 2005헌마1119 결정; 헌법재판소 2006. 2. 23. 선고 2005헌가7, 2005헌마1163 병합 결정).

둘째, 교원의 자질 · 의무 · 책임이다(헌법재판소 1997. 12. 24. 선고 95헌바29 결정; 헌법재판소 1998. 7. 16. 선고 96헌바33 · 66 · 68, 97헌바2 · 34 · 80, 98헌바39 병합 결정; 헌법재판소 2003. 2. 27. 선고 2000헌바26 결정; 헌법재판소 2003. 12. 18. 선고 2002헌바14 · 32 병합 결정; 헌법재판소 2006. 2. 23. 선고 2005헌가7, 2005헌마1163 병합 결정; 헌법재판소 2006. 5. 25. 선고 2004헌바72 결정). 왜냐하면 헌법 제31조 제6항에서 교원의 지위에 관한 기본적인 사항을 법률로 규정하도록 한 이유 중의 하나가 국민의 교육을 받을 권리를 실효성 있게 보장하기 위한 것이므로 이 범위 내에서 교원의 교육권에 일정한 제한을 가할 수 있기 때문이다(손희권, 2006: 209).

왜 기본적인 사항을 법률로 규정하도록 하고 있는가? 그 해답은 다음 두 가지다. 첫째, 정책 결정 및 집행의 전문성·효율성·탄력성·유연성 확보다(헌법재판소 1991. 2. 11. 선고 90헌가27 결정). 즉, 복잡하고 다양하며 광범위한 법제를 국회가 모두 다루기에는 전문지식이 부족하고 다양한 요구를 수렴하고 이해를 조절하는 데에는 상당한 시간이 소요되기 때문이다. 둘째, 교육의 자주성 보장이다(권영성, 2007: 268; 윤명선, 2004: 628-629; 정종섭, 2007: 653).

왜 교원의 지위에 관한 기본적인 사항을 법률로 규정하도록 헌법에 명시하고 있는가? 교원의 지위를 행정부의 결정이나 사적 자치에 맡겨 둘 수 없을 만큼 교원의 지위가 교육 본연의 사명을 완수하는 데에 중대한 의미를 가지고 있기 때문이다(헌법재판소 2006. 5. 25. 선고 2004헌바72 결정).

4) 한계

이러한 법률이 지켜야 할 한계는 무엇인가? 우선 헌법 제31조 제1항에 규정된 국민의 교육을 받을 권리를 실효성 있게 보장하여야 한다. 그러므로 이러한 보장은 교육법정주의의 의의인 동시에 교육법정주의가 지켜야만 하는 한계로서 작용한다. 또한 교육의 본질을 침해하지 아니하여야 한다(헌법재판소 1991. 7. 22. 선고 89헌가106 결정; 헌법재판소 2000. 3. 30. 선고 99헌바14 결정; 헌법재판소 2000. 4. 27. 선고 98헌가16, 98헌마429 병합 결정; 헌법재판소 2001. 1. 18. 선고 99헌바63 결정; 헌법재판소 2001. 2. 22. 선고 99헌바93 결정).

교육의 본질이란 무엇을 의미하는가? 헌법재판소는 교육의 본질로 국민의 교육을 받을 권리의 적극적 보호, 능력에 따른 균등한 교육 기회의 제공, 지속성과 안전의 확보, 수업료 등에 있어서 적정한 교육운영의 유지 등을 제시하고 있다(헌법재판소 2000. 3. 30. 선고 99헌바14 결정). 그러나 헌법 제31조 제1항에서는 양질의 교육을 받을 권리가 아니라 교육을 받을 권리를 모든 국민에게 보장하고 있기 때문에 수업료 등에 있어서 적정한 교육운영의 유지를 교육의 본질로 간주하기에는 무리가 따른다고 생각한다(손희권, 2006: 213).

헌법 제31조 제6항에 규정된 교육법정주의와 헌법 제31조 제4항에 규정된 교육의 자주성 · 전문성 · 정치적 중립성 및 대학의 자율성은 어떤 관계가 있는가? 헌법재판소는 특히 교원지위법정주의와 헌법 제31조 제4항에 규정된 대학의 자율성 및 사적 자치의 원칙으로부터 도출되는 사립학교의 자주성의 관계에 대하여 상당한 혼란을 보이고 있다. 첫 번째 견해는 사립대학의 자율성과 국가의 감독권을 조화시켜서 국민의 교육을 받을 권리를 보다 효과적으로 보장하여야 한다는 입장이다(헌법재판소 2006. 5. 25. 선고 2004헌바72 결정).

두 번째 견해는 교원지위법정주의를 우선시하면서 그 한도 내에서 대학의 자율성이 제한받는다는 입장이다. 예를 들어, 대학교원기간임용제탈락자구제를 위한 특별법 위헌확인사건에서 다수의견은 입법자가 법률로 정하여야 할 교원지위의 기본적 사항에는 무엇보다도 교원의 신분이 부당하게 박탈되지 아니하도록 하는 최소한의 보호 의무에 관한 사항이 포함되고 그 한도 내에서 학교법인의 교원의 임면에 관한 자율권은 제한을 받게 된다고 주장하였다(헌법재판소 2006. 4. 27. 선고 2005헌마1119 결정).

세 번째 견해는 대학의 자율성 및 사립학교의 자주성을 우선시하는 입장이다. 예를 들어, 구 사립학교법 제53조의2 제3항 위헌소원사건에서 한대현 및 하경철 헌법재판관의 반대의견, 교원지위향상을위한특별법 제9조 제1항 등 위헌소원사건에서 하경철 헌법재판관의 반대의견은 대학교원의 신분 보장 장치를 규정하지 아니한 것이 교원지위법정주의에 위반되지 아니하며 오히려 그런 장치를 규정하는 것이 대학의 자율성 및 사립학교의 자주성을 침해할 소지가 있다고 주장하였다(헌법재판소 2003. 2. 27. 선고 2000헌바26 결정; 헌법재판소 2003. 12. 18. 선고 2002헌바14 · 32 병합 결정).

이 중 어떤 견해가 가장 타당한가? 첫 번째 견해가 가장 타당하다고 생각한다. 왜냐하면 대학의 자율성 및 사립학교의 자주성과 교원지위법정주의 모두 법률을 통하여 구체화되어야 하며 전자는 이 법률이 지켜야 할 원리를 제시하는 것이고, 후자는 이 법률에 규정될 내용을 가리키는 것이므로 양자가 조화를 이룰 필요가 있기 때문이다.

요약

제2장 의무로서의 교육에서 설명한 핵심 내용은 다음과 같다.

❶ 의무란 자신이 하고 싶지 않아도 해야만 하고 자신이 하고 싶더라도 할 수 없는 것을 의미한다. 이러한 의무 위반에 대하여 법적 제재를 가하는 것을 법적 책임이라고 한다.

❷ 헌법의 기본원리를 실현하는 데에 있어서 교육이 중요한 역할을 수행하고 있고 교육을 받을 권리를 실효성 있게 보장할 필요가 있기 때문에 헌법은 교육을 국민과 국가의 공동 의무로 규정하고 있다. 한국 사회의 높은 교육열과 상급학교 진학률 및 학부모의 교육비 부담의 증가 등을 고려할 때 의무교육은 국민보다는 국가에게 의무를 부과하는 성격이 강하다.

❸ 헌법은 보호하는 자녀에게 적어도 초등교육과 법률이 정하는 교육을 받게 할 의무를 모든 국민에게 부과하고 있다. 초 · 중등교육법 제13조에서는 이를 교육의무가 아닌 취학의무로 좁게 해석하고 있

다. 교육기본법 제8조 제1항에 따르면 법률이 정하는 교육은 3년간의 중등교육을 의미한다. 이러한 의무교육은 자녀에게는 권리, 보호자에게는 권리 및 의무, 국가 및 지방자치단체에게는 의무로서의 성격을 지니고 있으며 제도로서의 성격도 동시에 지니고 있다.

❹ 헌법은 국가에게 다음 네 가지 교육의무를 부과하고 있다. 첫째, 헌법에 명시되지는 아니하였지만 교육을 받을 권리로부터 도출될 수 있는 의무로서 교육조건의 정비 및 사인 간의 출발 기회에서의 불평등 완화 의무가 이에 해당된다. 둘째, 무상의무교육으로서 의무교육단계에서 최소한 수업료를 면제시켜 주어야 한다는 의미다. 또한 의무교육 경비는 국가 및 지방자치단체가 공동으로 부담하며, 그 일부를 부담금의 형태로 특정집단에게 부과할 수 없다. 셋째, 평생교육의 진흥으로서 헌법에서는 국가의 의무로 규정하고 있다. 끝으로, 법률의 정비의무로서 교육제도와 그 운영, 교육재정 그리고 교원의 지위에 관한 기본적인 사항을 법률로 규정하는 것이다. 이러한 법률은 교육을 받을 권리를 실효성 있게 보장하여야 하고 제3장에서 설명할 교육의 자주성 · 전문성 · 정치적 중립성 및 대학의 자율성과 조화를 이루어야 한다.

| 핵심어 |

제2장 의무로서의 교육의 핵심어는 다음과 같다.

1. 의무
2. 법적 책임
3. 행정상의 책임
4. 권한
5. 교육의무
6. 의무교육
7. 국민
8. 보호자
9. 친권지
10. 후견인
11. 홈스쿨링
12. 취학의무
13. 법률이 정하는 교육
14. 제도

15. 교육제도
16. 헌법상의 권리
17. 법률상의 권리
18. 지방자치단체
19. 교육조건의 정비
20. 능력
21. 평등
22. 무상의무교육
23. 무상교육
24. 수업료
25. 취학필수비
26. 학교운영지원비
27. 평등의 원칙
28. 과잉금지의 원칙
29. 의무교육경비
30. 부담금
31. 조세
32. 교육재정법정주의
33. 평생교육의 진흥
34. 평생교육을 받을 권리
35. 법률의 정비
36. 교육법정주의
37. 교육재정
38. 교원의 지위
39. 기본적인 사항
40. 교육제도에 관한 기본적인 사항
41. 교원의 지위에 관한 기본적인 사항
42. 교원의 신분 보장
43. 교원의 의무
44. 교육의 본질
45. 교원지위법정주의
46. 학교용지부담금
47. 학교용지

신문기사 비평

다음은 홈스쿨링 및 학교용지부담금에 대한 신문기사다.

1. 홈스쿨링

홈스쿨링의 의미를 살펴보고 이와 관련된 신문기사를 읽은 뒤 그 다음에 제시된 생각해 볼 문제를 교육의무의 법리를 적용하여 풀어 보자.

1) 홈스쿨링의 의미

홈스쿨링이란 가정에서 부모 또는 부모가 고용한 교사가 자녀를 교육하는 맞춤형 교육을 의미한다. 미국에서 홈스쿨링은 종교적 이유에서 비롯되어 교육적 이유로 확대되었다(김재웅, 1999: 257-260). 즉, 미국에서 홈스쿨링은 1979년 1월 18일 경찰이 쏜 총에 미국 유타 주에 거주하는 몰몬교도였던 농부가 맞아 죽은 사건이 도화선이 되었다. 당시 이 농부는 종교적 이유로 다섯 자녀를 학교에 보내지 아니하였기 때문에 의무취학법 위반으로 수차례 행정제재를 받은 상태였다. 이를 계기로 아동을 교육시키는 교육의무와 아동을 학교에 보내는 취학의무를 구분하자는 주장이 강하게 제기되었고 결국 법정 공방 끝에 홈스쿨링이 허용되었다. 한국에서는 학생 개개인의 적성과 능력을 무시한 천편일률적 교육제도와 공교육에 대한 불신이 홈스쿨링의 주요 동기다. 인하대학교는 수능 성적 대신 검정고시 성적과 심층면접을 통하여 국내 대학 중 처음으로 홈스쿨링 전형을 실시하였다(동아일보 2006. 11. 9.).

2) 신문기사

미국서 귀족형 홈스쿨링 인기
학생 23만 명, 가정교사 두고 '맞춤형 교육'
부모가 해외여행 땐 교사 동반하기도

뉴욕 남정호 특파원

미국 상류층 사이에서 학교에 다니지 않는 대신 전 과목을 가정교사에게서 배우는 개인교습 방식의 '홈스쿨링(Home Schooling: 가정 내 교육)' 이 부활하고 있다.

그간에도 학교 대신 가정에서 부모가 자녀를 직접 가르치는 홈스쿨링이 있어 일부에서 적잖은 호응을 얻어 왔다. 그러나 기존의 홈스쿨링은 주로 학교에 잘 적응하지 못하는 자녀가 대상으로, '대안교육'인 셈이었다. 그러나 요즘 번지고 있는 개인교습 방식의 홈스쿨링은 문제아가 아닌 학교생활에 잘 적응하고 있는 학생들에게 실력 있는 가정교사를 붙여 집에서 더욱 잘 가르치는 것을 뜻한다.

이처럼 더 나은 실력을 갖추기 위해 집에서 가정교사와 함께 공부하는 숫자는 최근 급속하게 늘어 전체 110만 명의 홈스쿨링 학생 중 21%인 23만여 명에 이르는 것으로 미 교육부 조사 결과 나타났다고 5일 '뉴욕 타임스'가 보도했다. 이에 따라 현재 미국에선 '프로페셔널 튜터 오브 아메리카' 등 홈스쿨링 전문 가정교사 알선 회사들이 성황을 이루고 있다. 이들 회사는 아예 학생들의 교과 과정과 진도 등을 점검해 주는 전문가들까지 확보하고 있다.

미 상류층이 수백 년 전처럼 가정교사를 통한 개인교습 방식을 선호하는 건 우선 개인의 능력과 성향에 맞는 맞춤형 교육이 가능하다는 판단에서다. 이들은 학생에게 신경 써 주는 면에선 개인 가정교사가 최고라고 믿는다는 것이다. 또 장기간의 해외여행에 자녀를 동반하길 바라는 상류층 부모들은 아예 가정교사까지 데리고 다니면서 여행 중에도 공부시키기를 원한다고 신문은 보도했다. 더불어 빡빡한 학교 일정에 맞출 필요 없이 언제 어느 곳에서든 사정에 맞게 공부할 수 있다는 것도 장점으로 꼽힌다.

반면, 이 같은 개인교습 방식에 비판적인 의견도 적지 않다. 가정교사에게 의존하는 개인교습으로 교육을 할 경우 무엇보다 학생들이 또래들과 어울리는 시간이 아예 없거나 극히 제한되면서 사회성을 제대로 기르기가 쉽지 않을 것이라는 주장이다.

그럼에도 최근 조지 W. 부시 행정부가 학습부진학생들의 성적 향상을 위해 개인교습을 장려하는 추세여서 가정교사를 동원한 새로운 홈스쿨링은 더욱 확산될 것으로 전망한다.

중앙일보 2006. 6. 7.
출처: http://www.joins.com/

3) 생각해 볼 문제

1. 저자는 홈스쿨링의 의미를 제대로 이해하고 있는가?
2. 신문기사에서 제시한 홈스쿨링의 장점 및 단점에 동의하는가?
3. 신문기사에서 제시한 홈스쿨링의 문제점을 한국 홈스쿨러들은 어떻게 극복하고 있는가?
4. 앞으로 미국에서 홈스쿨링이 확산될 것이라는 저자의 주장에 동의하는가?
5. 한국에서 홈스쿨링이 확산되는 데에 장애가 되는 요인은 무엇이며 이를 어떻게 극복할 수 있는가?

2. 학교용지부담금

학교용지부담금의 의미를 살펴보고 이와 관련된 신문기사를 읽은 뒤 그 다음에 제시된 생각해 볼 문제를 교육의무의 법리를 적용하여 풀어 보자.

1) 학교용지부담금의 의미

학교설립의 수요는 급증하는 데에 반하여 지방교육재정이 취약하고 지가의 급격한 상승으로 인하여 학교용지의 확보가 어려워졌기 때문에 학교용지부담금제도를 도입하게 되었다(헌법재판소 2005. 3. 31. 선고 2003헌가20 결정). 학교용지부담금이란 "건축법 · 도시개발법 · 도시 및 주거환경정비법 · 주택법 · 택지개발촉진법 및 산업

입지및개발에관한법률에 의하여 시행하는 사업 중 100세대 규모 이상의 주택건설용 토지를 조성 · 개발하거나 공동주택을 건설하는 사업"을 시행하는 자에게 시 · 도지사가 "학교용지확보 또는 학교용지의 확보가 불가능한 경우 인근의 기존 학교 증축을 위하여 징수하는 경비"를 의미한다(학교용지확보등에관한특례법 제2조 제2호 및 제3호 참조). 또한 학교용지란 "각급학교의 교사 · 체육장 및 실습지 기타 학교시설의 신설에 필요한 토지를" 뜻한다(학교용지확보등에관한특례법 제2조 제1호 참조).

2) 신문기사

[사설] 신설학교 재원, 정부 · 지자체 · 주민 모두의 몫이다.

학교용지부담금 환급을 놓고 정부와 지자체, 정치권과 시민사회단체가 시끄럽다. 국회 교육위원회는 지난 2월 27일 환급을 위한 특별법을 통과시켰지만, 법사위는 위헌 가능성 때문에 처리를 유보했다. 미환급자와 시민단체들은 부담금에 대한 헌법재판소의 위헌 결정을 근거로 즉각 환급을 주장하고, 교육부와 지자체는 환급 재원을 누가 떠맡을 것인지를 놓고 실랑이를 벌이고 있다.

모두 할 말은 있다. 그러나 정작 중요한 문제는 따로 있다. 필요한 곳에 학교를 설립하는 데 드는 용지매입비를 어떻게 안정적으로 확보하느냐 하는 문제가 그것이다. 현재 매입비는 교육인적자원부가 절반, 시 · 도 자치단체가 나머지 절반을 부담한다. 시 · 도는 재원을 취득 · 등록세와 택지개발부담금의 일부 그리고 주민이 부담하는 학교용지부담금으로 마련했다. 그러나 가장 안정적인 재원이었던 학교용지부담금을 기대할 수 없게 됐으니 시 · 도로선 갑갑하게 된 것이다. 교육인적자원부 · 건교부 · 행자부가 공공개발 택지의 경우 학교용지를 조성원가보다 30~50% 낮게 분양하도록 하는 방안을 마련했지만 이것으로도 부족하다.

전체 시 · 도가 1996년부터 지금까지 밀린 학교용지매입비 체납액은 1조 4,000억여 원에 이른다. 이 가운데 경기도의 체납액은 1조 400억여 원에 이른다. 새도시 개발이 집중돼 학교신설 수요가 많았던 탓이다. 2009년까지 43개 교를 더 신설해야 하는데, 재원은 뭉터기로 깎여 그 부담이 이 도시 주민에게 돌아가게 되었다. 물론 경기도에도 문제가 많다. 경기도는 실효성도 없는 영어마을 조성에 1,500억여 원을 쏟아 붓고, 운영비로만 매년 224억 원을 지원하고 있다.

그러나 지자체의 무책임을 따지기에 앞서, 학교 신설의 일차적 책임은 국가에 있다. 도로나 공원이 도시의 기반시설이라면 학교는 국가의 기간시설이다. 국가의 장래를 위해서도 최우선적인 투자 대상이다. 게다가 초 · 중등학교는 의무교육이다. 자치단체라고 뒷짐만 지고 있을 순 없다. 교육자치는 계속 심화시켜야 할 과제이기 때문이다. 그러나 시 · 도는 특목고나 자사고 설립 혹은 영어마을 조성 등 생색내기에 열심일 뿐, 공교육은 외면했다. 기초단체는 교육자치의 중심이다. 재산세의 일정 부분을 교육재정으로 활용해서라도 공동체 교육의 질을 높여야 한다. 주민들 또한 질 높은 자녀 교육을 위해 필요한 부담이라면 거부해선 안 된다.

한겨레신문 2007. 3. 4.
출처: http:/www.hani.co.kr/

3) 생각해 볼 문제

1. 신설학교의 재원을 정부, 지방자치단체, 주민 등이 공동으로 부담해야 한다는 사설의 입장에 찬성하는가?
2. 사설에서 제시한 공동 부담의 논거는 어떤 의의와 한계가 있는가?
3. 학교용지부담금에 대한 이해집단의 입장 및 논거는 사설에서

제시한 입장 및 논거와 어떤 공통점과 차이점이 있는가?

실천 활동: 의무교육제도의 국제 비교

1. 세계 각국을 국민소득에 따라 다음 세 가지 유형으로 분류하시오.

   ① 한국보다 높은 국가
   ② 한국과 비슷한 국가
   ③ 한국보다 낮은 국가

2. 아래에 제시한 기준에 따라 1번에 제시한 유형별로 세계 각국의 의무교육에 관한 법제를 조사하시오.

   ① 의무교육의 연한
   ② 의무교육 무상의 범위
   ③ 의무교육 경비의 부담주체

3. 상기한 기준에 따라 세 가지 유형의 국가와 한국의 의무교육법제를 비교하시오.

4. 이러한 비교를 토대로 한국의 의무교육제도 개선방안을 제시하시오.

제3장

교육법의 헌법적 원리

"교육의 자주성 · 전문성 · 정치적 중립성 및 대학의 자율성은 법률이 정하는 바에 의하여 보장된다."(헌법 제31조 제4항)

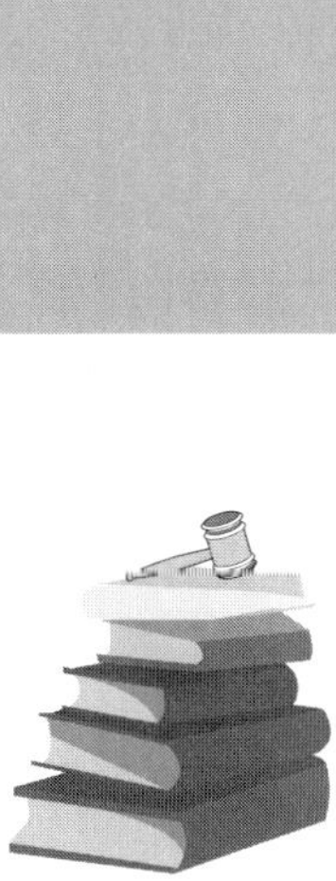

학습목표

1. 교육의 자주성이란 무엇을 의미하는가?
2. 교육의 전문성이란 무엇을 의미하는가?
3. 교육의 중립성이란 무엇을 의미하는가?
4. 대학의 자율성이란 무엇을 의미하는가?
5. 교육법의 헌법적 원리 사이에는 어떤 관계가 있는가?

제3장 교육법의 헌법적 원리

판례 연구

다음은 초 · 중등교육법 제31조 등 위헌확인사건, 정당법 제6조 제1호 등 위헌확인사건 그리고 교육공무원법 제24조 제4항 등 위헌확인사건에 대한 헌법재판소의 결정 중 교육법의 헌법적 원리와 관련된 부분만 요약한 것이다.

1. 초 · 중등교육법 제31조 등 위헌확인사건

초 · 중등교육법 제31조 등 위헌확인사건의 배경은 무엇이고 헌법재판소는 어떤 결정을 내렸으며 이와 관련된 논쟁거리는 무엇인가?

1) 사건의 배경

초 · 중등교육법 제31조 등(이하 이 조항이라 한다)[24] 위헌확인사건이란 무엇을 말하는가? 구 지방교육자치에관한법률에서는 교육감

24) 구 초 · 중등교육법 제31조 제1항(학교운영위원회의 설치)에는 "학교운영의 자율성을 높이고 지역의 실정과 특성에 맞는 다양한 교육을 창의적으로 실시할 수 있도록 하기 위하여 국 · 공립 및 사립의 초등학교 · 중학교 · 고등학교 및 특수학교에 학교운영위원회를 구성 · 운영하여야 한다."라고 규정되어 있었다. 제32조(기능)에는 "① 국 · 공립학교에 두는 학교운영위원회는 다음 각호의 사항을 심의한다. 1. 학교헌장 및 학칙의 제정 또는 개정에 관한 사항 2. 학교의 예산안 및 결산에 관한 사항 3. 학교교육과정의 운영방법에 관한 사항 4. 교과용도서 및 교육자료의 선정에 관한 사항 5. 정규학습시간 종료 후 또는 방학기간 중의 교육활동 및 수련활동에 관한 사항 6. 교육공무원법 제31조 제2항의 규정에 의한 초빙교원의 추천에 관한 사항 7. 학교운영지원비의 조성 · 운용 및 사용에 관한 사항 8. 학교급식에 관한 사항 9. 대학입학 특별전형 중 학교장 추천에 관한 사항 10. 학교운동부의 구성 · 운영에 관한 사항 11. 학교운영에 대한 제안 및 건의 사항 12. 기타 대통령령, 특별시 · 광역시 또는 도(이하 '시 · 도'라 한다)의 조례로 정하는 사항. ② 사립학교의 장은 제1항 각호의 사항(제6호의 사항은 제외한다)에 대하여 학교운영위원회의 자문을 거쳐야 한다. 다만, 제1호 · 제2

과 교육위원을 학교운영위원회 위원 전원이 선출하도록 하였다. 이에 따라 초·중등교육법 제31조 등에서는 사립학교에도 의무적으로 학교운영위원회를 설치하도록 하였다. 사립학교 학교운영위원회는 학부모 대표, 교원 대표 그리고 지역사회인사로 구성되었고 학교운영에 대한 자문기구였다. 이 조항에 대하여 헌법소원이 청구되었다.

2) 판례 요약

청구인들은 한국사립중·고등학교법인협의회의 구성원들이었다. 이들은 이 조항이 헌법에 위반되는 이유를 교육의 자주성 및 전문성에 한정시키지 아니하고 학교법인의 재산권과 묶어서 함께 제시하였다. 첫째, 학부모, 교원, 지역대표 등이 학교운영에 반드시 참여하도록 함으로써 사학의 독립성과 본질을 침해한다. 둘째, 학교운영위원회의 자문사항은 학교법인 이사회의 권한에 속한다. 셋째, 학교운영위원회의 결정에 따르는 법적 책임을 학교운영위원회가 아니라 학교법인이 지게 된다. 끝으로, 학교운영에 문외한이거나 부적격인 학부모와 지역대표 및 정치성이 강한 교사들이 학교운영에 참여함으로써 안정적인 교육이 저해될 우려가 있다. 반면에 교육인적자원부장관은 이 조항이 헌법에 위반되지 아니한다고만 주장하였을 뿐 그 이유를 교육의 자주성과 연결시키지는 아니하였다.

헌법재판소는 재판관 전원일치로 이 조항이 교육의 자주성을 침해하지 아니한다고 결정하였다(헌법재판소 2001. 11. 29. 선고 2000헌

호의 사항에 대하여는 학교법인의 요청이 있는 경우에 한한다. ③ 국·공립 및 사립 학교에 두는 학교운영위원회는 학교발전기금의 조성·운용 및 사용에 관한 사항에 대하여 심의·의결한다."라고 규정되어 있었다.

마278 결정).[25] 그 이유는 학교운영위원회의 취지와 관련이 있었다. 즉, 학교운영위원회는 다양한 학교구성원들의 참여를 통하여 학교정책 결정의 민주성과 투명성을 확보하고 지역실정과 특성에 맞는 다양한 교육을 창의적으로 실시할 수 있도록 하는 단위학교 차원의 자치기구다. 이때 헌법재판소는 교육의 자주성을 교육자에 의한 교육내용과 교육기구의 자주적 결정 및 행정 권력에 의한 통제의 배제로 규정하였다. 또한 그 구성요소로 "교사의 교육시설 설치자 · 교육감독권자로부터의 자유, 교육내용에 대한 교육행정기관의 권력적 개입의 배제 및 교육관리기구의 공선제"를 제시하였다.

다음 헌법재판소는 재판관 전원일치로 이 조항이 교육의 전문성도 침해하지 아니한다고 결정하였다. 왜냐하면 사립학교의 학교운영위원회는 사립학교의 장이 학교운영에 관련된 주요사항에 대하여 다양한 구성원들의 의견을 수집하여 합리적이고 타당한 결정을 하도록 도와주는 자문기구이기 때문이었다. 이때 헌법재판소는 교육의 전문성을 교육전문가에 의한 교육 정책 및 집행의 담당 또는 참여로 정의하였다. 또한 헌법재판소는 교육의 자주성 및 전문성이 국가의 안정적인 성장 및 발전을 도모하기 위하여 교육이 외부세력의 부당한 간섭에 영향을 받지 아니하도록 교육자 내지 교육전문가

25) 헌법재판소는 사립학교에 학교운영위원회를 의무적이 아닌 임의적으로 설치할 수 있도록 한 구 지방교육자치에관한법률 제44조의2 제2항에 대해서도 재판관 5:4로 합헌 결정을 내린 바 있다(헌법재판소 1999. 3. 25. 선고 97헌마130 결정). 합헌결정 이유는 사립학교 학교운영위원회 설치 여부의 결정은 입법재량사항이고 사립학교 학교운영위원회의 임의적 설치는 사립학교의 특수성과 자주성을 존중하려는 데 그 목적이 있으므로 국 · 공립학교와 사립학교의 학부모 간의 비합리적인 차별에 해당되지 아니한다는 것이었다. 반면에 반대의견을 제시한 이재화, 조승형, 정경식 그리고 고중석 헌법재판관의 반대 이유는 다음 두 가지였다. 첫째, 사립학교에 학교운영위원회를 강제로 설치하더라도 그 기능을 심의로 제한함으로써 사립학교의 자주성과 학부모의 교육참여권의 조화를 도모할 수 있다. 둘째, 국 · 공립학교와 사립학교 사이에는 설립주체 이외의 교육 조건에서 본질적인 차이가 없다.

에 의하여 주도되고 관할되어야 할 필요에서 비롯된 것으로 이해하였다.

마지막으로 헌법재판소는 이 조항이 설사 교육의 자주성 및 전문성을 제한하더라도 이 제한이 사립학교의 자주성 및 공공성을 조화시키기 위한 것이므로 정당화될 수 있다고 주장하였다. 헌법재판소는 이 조항이 사립학교의 자주성을 존중하는 근거로 다음 네 가지를 제시하였다. 첫째, 사립학교의 학교운영위원회는 자문기구다. 둘째, 학교 헌장 및 학칙의 제 · 개정, 예산 및 결산 사항은 학교법인의 요청이 있을 때만 자문한다. 셋째, 당연직 교원위원인 교장 이외의 교원위원은 교직원 전체회의에서 추천한 자 중에서 교장이 위촉한다. 끝으로, 학교 운영에 필요한 기타사항은 정관으로 정한다.

3) 생각해 볼 문제

1. 교육내용과 교육기구를 자주적으로 결정할 주체로서의 교육자는 누구를 의미하는가?
2. 교육자가 자주적으로 결정할 사항은 교육내용과 교육기구로 한정되어야 하는가?
3. 교육에 대한 통제를 배제해야 할 대상은 행정 권력으로 한정되어야 하는가 아니면 외부세력까지 포괄하여야 하는가? 만약 외부세력까지 포괄한다면 외부세력은 누구를 말하는가?
4. 교육에 대한 행정 권력의 모든 통제를 배제하여야 하는가?
5. 교육의 전문성은 교육전문가에 의한 교육 정책 및 집행의 담당 또는 참여를 의미하는가?
6. 교육의 전문성의 주체로서 교육전문가는 누구를 의미하며 어떤 조건을 갖추어야 하는가?

7. 교육자와 교육전문가는 어떻게 다르며 이 중 누가 교육을 통제하여야 하는가?
8. 교육의 자주성 및 전문성 보장은 국가의 안정적인 성장 및 발달을 도모할 수 있는가?
9. 사립학교의 자주성 및 공공성은 무엇을 의미하는가?
10. 사립학교의 자주성 및 공공성과 교육의 자주성 및 전문성은 어떤 관계가 있는가?
11. 만약에 사립학교 학교운영위원회의 기능을 심의기구로 하면서 의무직으로 설치하도록 한다면 이는 교육의 자주성 및 전문성을 침해하는가?

2. 정당법 제6조 제1호 등 위헌확인사건

정당법 제6조 제1호 등 위헌확인사건의 배경은 무엇이고 헌법재판소는 어떤 결정을 내렸으며 이와 관련된 논쟁거리는 무엇인가?

1) 사건의 배경

정당법 제6조 제1호 등(이하 이 조항이라 한다)[26] 위헌확인사건이

---

26) 구 정당법 제6조(발기인 및 당원의 자격)에는 "국회의원선거권이 있는 자는 공무원 기타 그 신분을 이유로 정당가입 기타 정치활동을 금지하는 다른 법령의 규정에도 불구하고 누구든지 정당의 발기인 및 당원이 될 수 있다. 그러나 다음 각호의 1에 해당하는 자는 그러하지 아니하다. 1. 국가공무원법 제2조 및 지방공무원법 제2조에 규정된 공무원. 다만, 대통령, 국무총리, 국무위원, 국회의원, 지방의회의원, 선거에 의하여 취임하는 지방자치단체의 장, 국회의원의 보좌관 · 비서관 · 비서 및 국회 교섭단체의 정책연구위원과 고등교육법 제14조(교직원의 구분) 제1항 및 제2항의 규정에 의한 총장 · 학장 · 교수 · 부교수 · 조교수 · 전임강사인 교원을 제외한다."라고 규정되어 있었다. 또한 구 공직선거및선거부정방지법 제60조(선거운동을 할 수 없는 자) "① 다음 각호의 1에 해당하는 자는 선거운동을 할 수 없다. 다만, 제4호 내지 제9호에 해당하는 자가 후보자의 배우자인 경우에는 그러하지 아니하다. 4. 국가공무원법 제2조(공무원의 구분)에 규정된 국가공무원과 지방공무원법 제2조(공무원의

란 무엇을 말하는가? 이 조항에서는 헌법 제7조 제2항에 규정된 공무원의 정치적 중립성을 보장하기 위하여 교육공무원인 국 · 공립학교 초 · 중등교원의 정당가입 및 학교 내 · 외에서의 선거운동을 일체 금지하였다. 이 조항에 대하여 헌법소원이 청구되었다.

2) 판례 요약

청구인들은 2002년 제4회 지방선거에서 특정 정당의 당원이 되어 선거운동을 하려던 자들이었다. 이들은 이 조항이 교육공무원이라는 이유만으로 정당가입 및 활동과 선거운동을 일체 금지함으로써 정치적 자유권[27]을 과도하게 침해하였다고 주장하였다. 반면에 교육인적자원부장관은 이 조항이 헌법에 규정된 국민 전체에 대한 봉사자로서의 공무원의 정치적 중립성[28] 및 신분을 보장하기 위한 것이므로 정당하다고 반박하였다. 그러나 청구인들과 교육인적자원부 모두 이 조항을 교육의 정치적 중립성과 연결시키지는 아니하였다.

헌법재판소는 재판관 전원일치로 이 조항이 청구인들의 정치적

구분)에 규정된 지방공무원. 다만, 정당법 제6조(발기인 및 당원의 자격) 제1호 단서의 규정에 의하여 정당의 당원이 될 수 있는 공무원(국회의원과 지방의회의원 외의 정무직공무원을 제외한다)은 그러하지 아니하다."라고 규정되어 있었다.

27) 정치적 자유권이란 국가권력의 간섭이나 통제를 받지 아니하고 자유롭게 정치적 의사를 형성 · 발표할 수 있는 자유를 의미하며 정치적 의사를 자유롭게 표현하고, 자발적으로 정당에 가입하고 활동하며, 자유롭게 선거운동을 할 수 있는 것을 주된 내용으로 한다(헌법재판소 2004. 3. 25. 선고 2001헌마710 결정).

28) 공무원에게 정치적 중립성이 요구되는 이유는 다음과 같다(헌법재판소 1995. 5. 25. 선고 91헌마67 결정). 첫째, 국민 전체의 봉사자설로서 공무원은 국민 전체에 대한 봉사자이므로 중립적 위치에서 공익을 추구하여야 한다. 둘째, 정치와 행정의 분리설로서 행정에 대한 정치의 개입을 방지함으로써 행정의 전문성과 민주성을 제고하고 정책적 계속성과 안정성을 유지할 수 있다. 셋째, 공무원의 이익보호설로서 정권의 변동에도 불구하고 공무원의 신분적 안정을 기하고 엽관제로 인한 부패 · 비능률 등의 폐해를 방지할 수 있다. 끝으로, 공적 중재자설로서 자본주의의 발달에 따르는 사회경제적 대립의 중재자 · 조정자로서의 기능을 적극적으로 담당하여야 한다.

자유권을 침해하지 아니한다고 결정하면서 그 이유로 교육인적자원부장관의 반박에서 제시된 공무원의 정치적 중립성을 제시하였다(헌법재판소 2004. 3. 25. 선고 2001헌마710 결정). 헌법재판소는 공무원의 정치적 중립성이 국 · 공립학교 초 · 중등교원에게도 적용되는 근거로 헌법 제31조 제4항에 명시된 교육의 정치적 중립성을 제시하였다. 헌법재판소는 교육의 정치적 중립성을 교육과 정치의 분리의 관점에서 접근하였다. 즉, 교육의 정치적 중립성이란 교육이 국가권력이나 정치적 세력으로부터 부당한 간섭을 받지 아니할 뿐만 아니라 그 본연의 기능을 벗어나 정치영역에 개입하지 않아야 한다는 것을 의미한다. 또한 헌법재판소는 이러한 분리의 필요성을 교육과 정치의 본질에서의 차이에서 찾았다. 즉, 교육은 그 본질상 이상적이고 비권력적인 것임에 반하여 정치는 현실적이고 권력적인 것이다. 마지막으로 헌법재판소는 교육의 정치적 중립성의 보장 이유로 교육내용 및 교육방법에서의 종교적 · 당파적 편향성 배제를 통한 가치중립적인 진리교육의 보장을 제시하였다.

3) 생각해 볼 문제

1. 공무원의 정치적 중립성과 교육의 정치적 중립성은 어떤 관계가 있는가?
2. 교육의 정치적 중립성은 교육과 정치의 분리를 의미하는가?
3. 교육은 본질적으로 이상적이고 비권력적 속성을 지니고 있는가?
4. 교육내용 및 교육방법은 가치중립적일 수 있는가?
5. 진리교육은 가치중립적이어야 하는가?
6. 국 · 공립학교 초 · 중등교원의 학교 밖에서의 선거운동이나 정당활동은 교육의 정치적 중립성에 위반되는가?

7. 교육의 정치적 중립성 보장을 이유로 사립학교 초 · 중등교원의 정당가입 및 선거운동을 금지할 수 있는가?

3. 교육공무원법 제24조 제4항 등 위헌확인사건

교육공무원법 제24조 제4항 등 위헌확인사건의 배경은 무엇이고 헌법재판소는 어떤 결정을 내렸으며 이와 관련된 논쟁거리는 무엇인가?

1) 사건의 배경

국립대학 총장 직선제의 경우 과열된 선거운동으로 인한 부작용 등의 문제점을 개선하고, 총장 후보자 추천이 지연되어 총장이 장기간 임용되지 못하는 사태를 방지하기 위하여 국회는 2005년 5월 31일 교육공무원법 제24조 제4항 등(이하 이 조항이라 한다)[29]을 개정하였으며 그 구체적인 내용은 다음과 같다. 첫째, 국립대학에서는 총장 후보자를 위원회에서 선정하거나 해당 대학 교원의 합의된 방

---

29) 교육공무원법 제24조 제4항(대학의 장의 임용)에는 "위원회는 해당 대학이 정하는 바에 따라 다음 각 호의 어느 하나의 방법에 의하여 대학의 장 후보자를 선정하여야 한다. 1. 위원회에서의 선정 2. 해당 대학교원의 합의된 의사에 따른 선정"라고 규정되어 있다. 또한 제6항에는 "제1항의 규정에도 불구하고 대학의 장 임기만료 후 3월 이내에 해당 대학이 대학의 장 후보자를 추천하지 아니하는 경우 해당 대학의 장은 교육인적자원부장관의 제청으로 대통령이 임용한다."라고 규정되어 있다. 다음으로 제24조의2 제4항(선거운동의 제한)에는 "누구든지 대학의 장 후보자 선정 선거와 관련하여 다음 각 호의 방법 외의 행위를 할 수 없다. 1. 선전벽보의 부착 2. 선거공보의 배부 3. 소형인쇄물의 배부 4. 합동연설회 또는 공개토론회의 개최 5. 전화 · 컴퓨터 통신을 이용한 지지호소"라고 규정되어 있다. 마지막으로 제24조의3 제1항(대학의 장 후보자 추천을 위한 선거사무의 위탁)에는 "대학의 장 후보자를 추천함에 있어서 제24조 제4항 제2호의 규정에 따라 해당 대학 교원의 합의된 방식과 절차에 따라 직접선거에 의하는 경우 해당 대학은 선거관리에 관하여 그 소재지를 관할하는 '선거관리위원회법' 에 의한 구 · 시 · 군선거관리위원회(이하 '구 · 시 · 군선거관리위원회' 라 한다)에 위탁하여야 한다."라고 규정되어 있다.

식과 절차에 따라 선정하여야 한다(이하 총장 선출방식 규정이라 한다.). 둘째, 총장 임기 만료 후 3월 이내에 해당 대학이 총장 후보자를 추천하지 아니하는 경우 해당 총장은 교육인적자원부장관의 제청으로 대통령이 임용한다(이하 임기 만료 추천 규정이라 한다.). 셋째, 총장 후보자는 선거벽보의 부착, 선거공보의 배부, 소형인쇄물, 합동연설회 또는 공개토론회의 개최 그리고 전화 · 컴퓨터 통신을 이용한 지지 호소를 통해서만 선거운동을 하여야 한다(이하 선거운동 제한 규정이라 한다.). 끝으로, 해당 대학 교원의 합의된 방식과 절차에 따라 직접선거에 의하여 총장 후보자를 추천하는 경우 해당 대학은 선거관리 업무를 그 소재지의 구 · 시 · 군선거관리위원회에 위탁하여야 한다(이하 선거사무 위탁 규정이라 한다.).

2) 판례 요약

청구인들은 국립대학 교수평의회 의장들이었다. 청구인들은 이 조항이 다음과 같은 이유 때문에 대학의 자율성을 침해한다고 주장하였다. 첫째, 청구인들은 대학의 자치입법권을 대학자치 내지 대학의 자율성의 본질적 내용으로 간주하면서 대학이 대학운영과 관련된 사항들을 규칙으로 제정할 수 있는 고유한 권한을 가져야 한다고 주장하였다. 청구인들은 이러한 관점에서 볼 때 총장 선출방식 규정이 교원의 합의가 존재하지 아니한다면 원칙적으로 간접선거에 해당하는 위원회에서 선정하도록 강요하고 있기 때문에 대학구성원인 교수와 교수자치회의 자율성을 침해한다고 주장하였다. 이때 청구인들은 대학의 자치입법권을 대학 자지 내지 대학의 자율성의 본질적 내용으로 간주하는 이유로 학문 연구와 교육이라는 대학의 본래적 과제의 수행을 제시하였다.

둘째, 청구인들은 대학의 대표자를 대학 구성원이 결정할 수 있도록 하는 것을 대학의 자율성의 최소한의 전제로 간주하였다. 이를 토대로 청구인들은 임기 만료 추천 규정이 대학구성원의 동의를 전제로 하지 아니하고 일시적인 임용도 아닌 형태로 교육인적자원부장관의 일방적인 제청과 그에 따른 대통령의 총장 임용이 가능하도록 함으로써 학문의 자유와 대학자치제를 침해한다고 주장하였다.

셋째, 청구인들은 선거운동 제한 규정이 다섯 가지의 선거방법만을 허용하고 있기 때문에 자유선거의 원칙에 위반된다고 주장하였다. 또한 청구인들은 이 규정이 대학의 자율성을 침해하지 아니하는 범위 내에서 선거운동의 방법을 최소한으로 제한하여야 한다는 것에도 위반된다고 주장하였다.

끝으로, 청구인들은 선거사무 위탁 규정이 총장 후보자를 추천함에 있어서 해당 대학 교원의 합의된 방식과 절차에 따라 직접선거에 의하는 경우 해당 총장 추천을 위한 선거사무를 반드시 해당 선거관리위원회에 위탁하도록 하고 있기 때문에 교수 및 교수회의 대학 자치에의 참여권과 학문의 자유를 침해한다고 주장하였다. 이들은 대학자치행정을 학문의 자유라는 보호영역과 밀접한 연관성을 가지는 개개의 영역을 자신의 책임하에서 어떠한 국가적 간섭 없이 유지하고 달성할 수 있다는 의미로 규정하면서 대학 자치의 핵심적 영역으로 간주하고 있다.

이에 대하여 교육인적자원부장관은 이 조항이 다음과 같은 이유 때문에 대학의 자율성을 침해하지 아니한다고 반박하였다. 먼저 청구인들이 총장 후보 선정에 참여할 권한은 입법자에 의하여 주어진 법률상의 권리이지 헌법상의 기본권이 아니다. 다음 이 조항은 대학의 자율성을 구현하기 위한 권리창설적인 조항이지 권리를 제한하는 규정이 아니다. 마지막으로 총장 선출 방식 규정은 대학에게 총장 후보자를 간선제에 의하여 선정하도록 강요하는 것이 아니며 대학에서 자율적으로 결정하도록 하고 있다.

이를 위하여 헌법재판소는 우선 대학의 자율성의 법리부터 정리하였다(헌법재판소 2006. 4. 27. 선고 2005헌마1047 · 1048 병합 결정). 첫째, 헌법재판소는 대학의 자율성의 개념을 기관 자치와 구성원 자치로 규정하였다. 기관 자치의 관점에서 대학의 자율성은 대학에 대한 공권력 등 외부세력의 간섭의 배제를 의미한다. 구성원 자치의 관점에서 대학의 자율성은 대학구성원 자신이 대학을 자주적으로 운영할 수 있도록 하는 것을 말한다. 둘째, 대학의 자율성의 목적은 대학인으로 연구와 교육을 자유롭게 하여 진리탐구와 지도적 인격의 도야라는 대학의 기능을 충분히 발휘하도록 하는 것이고 학문의 자유를 확실하게 보장하는 것이다. 셋째, 대학의 자율성의 성격은 헌법상 기본권이다. 넷째, 대학의 자율성의 주체는 기본적으로 대학이지만 대학구성원도 해당될 수 있다. 예를 들어, 학문의 자유를 침해하는 총장의 관계에서는 교수나 교수회가 주체가 될 수 있다. 또 다른 예로 국가에 의한 침해에 있어서는 대학 자체 외에도 대학 전 구성원이 자율성을 가지는 경우도 있을 것이다. 다섯째, 대학의 자율성의 제한은 헌법 제37조 제2항에 규정된 기본권 제한요건을 충족시킬 경우 가능하고 대학의 자율성의 구체적인 내용은 법률에 의하여 보장된다. 그러므로 대학의 자율성의 제한과 관련된 위헌 심사 기준은 입법자가 헌법 제37조 제2항에 의한 합리적인 입법 한계를 벗어나 자의적으로 그 본질적 내용을 침해하였는지 여부나. 총장 후보자 선출에 참여할 권리는 대학의 자율성의 본질적인 내용에 포함된다. 그 이유는 이 권리가 관습법에 해당되기 때문이다. 즉,

전통적으로 대학 자치는 학문 활동을 수행하는 교수들로 구성된 교수회가 누려오는 것이었고 1990년대 이후 국립대학에서 총장 직선제가 도입된 이래 거의 대부분 대학 구성원들이 추천하는 후보자 중에서 총장을 임명하여 옴으로써 대통령이 총장을 임명함에 있어 대학교원들의 의사를 존중하여 왔다.

이러한 법리를 토대로 헌법재판소는 재판관 전원일치로 이 조항이 대학의 자율성을 침해하지 아니한다고 결정하였으며 그 구체적 내용은 다음과 같다.

(1) 총장 선출방식 규정

이 규정의 목적은 정당하며 그 이유는 다음과 같다. 먼저 위원회에서의 선정은 직선제에 비하여 적시에 신속하게 그리고 다양한 후보군을 대상으로 탄력적으로 의사결정이 이루어질 수 있는 장점이 있으므로 대학이 총장후보자 선출과 관련하여 선택할 수 있는 방법의 하나로 규정될 필요가 있다. 다음 직선제에 의하는 경우 그 선거관리를 선거관리위원회에 위탁하여야 하고 통상 후보자 선출을 위한 선거는 총장 임기만료 전의 일정한 시점에서 실시되어야 하므로 직선제의 실시 여부에 대한 결정이나 선거관리위원회에 대한 선거관리 위탁이 위 선거실시시점 이전에 미리 이루어져야만 한다.

또한 이 규정이 매우 자의적인 것으로서 합리적인 입법한계를 일탈하였거나 대학의 자율의 본질적인 부분을 침해하였다고 보기 어려우며 그 이유는 다음과 같다. 첫째, 위원회에서의 선정은 원칙적인 방식이 아닌 교원의 합의된 방식과 선택적이거나 또는 실제로는 보충적인 방식으로 규정되어 있다. 둘째, 총장 후보자 선정과 관련하여 대학에게 반드시 직선제를 보장하여야 하는 것은 아니고 대학교원들의 합의된 방식으로 그 선출방식을 정할 수 있는 기회를 제공하면 족하다. 끝으로, 이 규정은 개정 전 교육공무원임용령의 내용을 그대로 담고 있고 총장 후보자 선출에 있어서 새로운 제한을 추가하거나 가중한 것이라고 볼 수 없다.

(2) 임기 만료 추천 규정

이 규정의 목적은 정당하며 그 이유는 다음과 같다. 왜냐하면 국립대학에서 총장 후보자 선정이 이루어지지 못하는 경우에는 대학운영에 관한 결정들이 적시에 이루어질 수 없으므로 대학행정의 공백이나 차질이 예상되고 대학교원임용예정자들의 학문의 자유와 학생들의 교육받을 권리 등이 침해받게 될 가능성이 있기 때문이다.

또한 이 규정이 매우 자의적인 것으로서 합리적인 입법한계를 일탈하였거나 대학의 자율의 본질적인 부분을 침해하였다고 보기 어려우며 그 이유는 다음과 같다. 첫째, 이 규정은 총장의 공백상태를 해결하기 위한 적절한 수단이며 이 경우 임시적 지위를 가지는 총장을 임용하는 일시적인 임용형태를 취할 것인지 아니면 통상의 총장 지위를 갖는 정식의 임용형태를 취할 것인지는 입법자의 재량사항에 속한다. 둘째, 총장 임기 만료 후 3개월이 경과한 경우에만 대통령이 위의 권한을 행사하도록 함으로써 대학에게 그 총장후보자의 선출에 대한 자율권을 행사할 충분한 기간과 기회를 제공하고 있다. 셋째, 대학의 자율도 국민의 교육받을 권리를 존중하여 가능한 한 이를 침해하여서는 아니 되며, 대학이 총장의 임기만료 후에도 만연히 총장 후보자를 선출하지 아니한 채 국가가 관여하는 것을 배제해 달라고 주장하는 것은 합리적인 대학의 자율의 범위라고 볼 수 없다. 끝으로, 국립대학의 총장은 구성원의 대표로서의 성격 외에도 국가행정관청의 장으로서의 성격도 겸하고 있으므로 국립대학의 총장 미임명으로 인한 국가행정의 공백이나 불안정상태를 긴급하게 막을 필요가 있다.

(3) 선거운동 제한 규정

총장 후보자 선출과정에서의 과도한 선거운동을 제한함으로써 선거운동의 투명성과 공정성을 확보할 필요가 있기 때문에 이 규정의 목적은 정당하다.

또한 이 규정이 매우 자의적인 것으로서 합리적인 입법한계를 일탈하였거나 대학의 자율의 본질적인 부분을 침해하였다고 보기 어려우며 그 이유는 다음과 같다. 첫째, 이 규정에서 허용한 선거운동방법이 입후보자들의 의사를 전달하거나 선거권자가 입후보자에 대한 정보를 얻는 데 불충분할 정도로 매우 제한적인 것은 아니다. 둘째, 여기에서 허용한 선거운동방법은 과열·혼탁 선거의 염려가 비교적 적은 공정한 선거운동 방법이다. 셋째, 헌법 제41조 제1항과 제67조 제1항에 규정된 보통, 평등, 직접, 비밀 선거제도는 국민의 대표기관을 선출하는 선거절차 원칙이다. 총장 후보자가 비록 대학 구성원들의 대표자의 의미를 갖고 있으나 이는 총장 후보자에 불과하고 국민의 대표기관으로 볼 수 없어 위의 원칙이 직접 적용된다고 보기 어렵다. 설사 적용된다고 하더라도 이 규정이 이러한 선거원칙을 실질적으로 해친다고 볼 수 없다. 끝으로, 공직선거법 제57조의3 제1항과 지방교육자치에 관한 법률 제78조에 의하면, 정당에서 공직선거후보자를 추천하기 위한 당내선거와 지방교육자치제도에 따른 교육위원 및 교육감 선거와 관련하여서도 허용된 선거방법 외의 선거운동은 금지하고 있다.

(4) 선거사무 위탁 규정

이 규정은 총장 후보자 선정을 위한 직접선거 과정에서 과열 · 혼탁된 선거운동의 부작용을 막고 장기적으로 공정한 선거관리를 통하여 대학의 신뢰성을 제고하기 위한 것이므로 그 목적이 정당하다.

또한 이 규정이 매우 자의적인 것으로서 합리적인 입법한계를 일탈하였거나 대학의 자율의 본질적인 부분을 침해하였다고 보기 어려우며 그 이유는 다음과 같다. 첫째, 국가의 예산과 공무원이라는 인적조직에 의하여 운용되는 국립대학에서 선거관리를 공정하게 하기 위하여 중립적 기구인 선거관리위원회에 선거관리를 위탁하는 것은 선거의 공정성을 확보하기 위한 적절한 방법이다. 둘째, 선거관리위원회에 위탁하는 경우는 총장 후보자를 선정함에 있어서 교원의 합의된 방식과 절차에 따라 직선제로 하는 경우로 한정되어 있다. 셋째, 선거에 관한 모든 사항을 선거관리위원회에 위탁하는 것이 아니라 선거관리만을 위탁하는 것이고 그 외 선거권, 피선거권, 선출방식 등은 여전히 대학이 자율적으로 정할 수 있다. 넷째, 중앙선거관리위원회에서 선거관리와 관련한 규칙을 제정하고자 하는 경우 대학들은 교육인적자원부장관을 통하여 그 의견을 개진할 수 있다. 끝으로, 조직의 장을 구성원이 직접 선출하는 선거사무를 선거관리위원회가 관리하는 경우도 있다.

3) 생각해 볼 문제

1. 대학의 자율성이란 무엇을 의미하는가?
2. 대학의 자율성은 왜 필요한가?
3. 대학의 자율성은 어떤 성격을 지니고 있는가?
4. 대학의 자율성은 누가 행사할 수 있는가?

5. 대학의 자율성은 언제 제한이 가능한가?
6. 대학의 자율성의 본질적 내용은 무엇인가?
7. 총장 선출방식 규정은 대학의 자율성을 침해하는가?
8. 개정된 법률이 이전의 시행령과 유사한 내용을 규정하였다는 사실이 대학의 자율성 침해 여부를 판단하는 기준이 될 수 있는가?
9. 임기 만료 추천 규정은 대학의 자율성을 침해하는가?
10. 선거운동 제한 규정은 대학의 자율성을 침해하는가?
11. 선거사무 위탁 규정은 대학의 자율성을 침해하는가?
12. 유사한 사실을 규정한 법령의 존재가 대학의 자율성 침해 여부를 판단하는 기준이 될 수 있는가?

교육의 자주성

교육의 자주성의 법리는 어떻게 구성되어 있는가? 그 해답은 다음과 같다.[30)]

1. 개 념

교육의 자주성이란 무엇을 의미하는가?[31)] 헌법재판소의 결정들을 종합해 볼 때 교육의 자주성의 개념은 다음과 같은 특징을 지니고 있다(손희권, 2004b: 92−93). 첫째, 교육의 자주성의 핵심은 교육

30) 교육의 자주성과 관련하여 이 책에 설명된 내용은 "졸고(2004b), 교육의 자주성에 관한 헌법재판소 판례 분석, 교육행정학연구, 22(3), 89-108"을 수정 및 보완한 뒤 요약 및 정리한 것이다.

31) 성낙인(2007: 603)은 교육의 자주성을 교육의 자유로 이해하고 있다. 반면에 안기성(1995: 23-24)은 교육의 자주성이 헌법에 삽입된 역사적 배경을 토대로 교육전문가라고 믿는 특정

에 대한 외부세력의 부당한 개입의 배제다. 즉, 교육에 대한 외부세력의 모든 개입을 배제하는 것이 아니라 부당한 개입만 배제하며 정당한 개입은 허용된다. 둘째, 외부세력의 개입의 정당성 여부는 이러한 개입이 교육의 본질을 구현하는 데에 기여하였는지 여부로 판단할 수 있다. 셋째, 교육에 대하여 부당하게 개입해서는 아니 되는 외부세력은 행정권력, 정치권력 등 주로 국가를 말한다. 그러므로 교육의 자주성은 교육에 대한 국가 감독권의 한계를 명시하는 것이다(권영성, 2007: 266; 김기영, 2002: 292-293; 김범주, 2001: 99; 양건, 2007: 638). 넷째, 교육에 대한 외부세력의 부당한 개입을 배제할 경우 교육통치의 주체는 교육자가 되어야 한다. 이는 교육의 자주성이 교육에 대한 외부세력의 부당한 개입의 배제라는 기관 자치와 교육자에 의한 교육의 자주적 경영이라는 구성원 자치로 구성되어 있음을 암시하는 것이다.[32] 허종렬(2000: 88)은 선자를 교육의 자주성의 대외적 측면으로, 후자를 교육의 자주성의 대내적 측면으로 간주하고 있다. 끝으로, 외부세력이 부당하게 개입하여서는 아니 되는 교육 분야는 교육내용, 교육기구, 교육조직 · 운영 · 실시 등이다.

2. 의 의

교육의 자주성은 어떤 의의를 지니고 있는가? 첫째, 교육의 자주

세력에 의한 교육 독점이 아니라 내무행정이나 경찰행정 등과 같이 정치세력과 결탁된 행정으로부터의 교육의 독립을 의미한다고 주장하였다. 그는 또한 교육의 자주성이 저항의 의미를 내포하지만 이러한 저항이 합리성 및 사회적 연대성과 조화를 이룰 필요성이 있음을 지적하였다.

32) 교육의 자주성을 구성원 자치, 즉, 교육자에 의한 교육내용 및 교육기구의 자주적 결정으로, 교육의 정치적 중립성을 기관 자치, 즉, 교육에 대한 국가의 간섭 배제로 정의하는 견해가 있다(이준일, 2007: 808). 이 견해는 교육의 정치적 중립성을 정치의 교육적 중립성으로 혼동하면서 교육의 자주성을 구성원 자치로 제한하는 문제점을 지니고 있다.

성은 교육의 본질을 구현하는 데에 기여할 수 있다(헌법재판소 1991. 7. 22. 선고 89헌가106 결정). 먼저 현대사회에서 요구되는 바람직한 인간은 창의적인 문제해결능력을 갖춘 자율적인 인간이고, 이러한 인간의 양성을 위해서는 교육이 가급적 자율적으로 이루어질 필요가 있다(손희권, 2004b: 97). 다음 교육에서는 참된 지식을 가르쳐야 하는데 외부 세력이 교육에 부당하게 개입할 경우 참된 지식의 개념과 범위를 왜곡할 가능성이 있다(나병현, 1997: 155-159).

둘째, 교육의 자주성은 헌법의 기본원리를 구현한다. 우선 자유민주주의는 다양한 가치관과 능력을 가진 사람들의 창의적이고 자발적인 노력이 모여 균형과 조화를 이루는 것을 주요 특징으로 하므로 교육의 자주성은 자유민주주의의 원리를 구현한다(헌법재판소 1992. 11. 12. 선고 89헌마88 결정; 헌법재판소 2001. 11. 29. 선고 2000헌마278 결정). 또한 교육의 자주성은 법률이 정하는 바에 의하여 보장되도록 헌법에 규정되어 있고 법률은 민주적 정당성을 지닌 국회에서 제정한 법을 의미하므로 의회민주주의와 법치주의의 원리도 구현한다(헌법재판소 1991. 2. 11. 선고 90헌가27 결정; 헌법재판소 1992. 11. 12. 선고 89헌마88 결정). 마지막으로 교육은 문화로서의 성격을 지니고 있고 문화국가는 문화의 국가로부터의 자유를 의미하는 문화의 자율성 보장을 그 구성요소로 하고 있다(김수갑, 1993: 48-59). 그러므로 국가를 포함한 외부세력의 교육에 대한 개입의 배제를 의미하는 교육의 자주성은 문화국가의 원리를 구현한다.

셋째, 교육의 자주성은 국민의 기본권을 실효성 있게 보장하기 위한 수단이다. 먼저 교육의 자주성은 학문의 자유를 실효성 있게 보장할 수 있다(김윤섭, 2000: 148-149; 헌법재판소 1998. 7. 16. 선고 96헌바33 · 66 · 68, 97헌바2 · 34 · 80, 98헌바39 병합 결정). 왜냐하면 학문

자유의 목적은 진리 탐구를 촉진하는 것인데 한국의 얼룩진 역사에 비추어 볼 때 외부세력이 교육에 부당하게 개입할 경우 진리 자체를 왜곡시킬 위험성이 있고 진리 탐구를 방해할 가능성이 크기 때문이다. 다음 교육의 자주성은 국민의 교육을 받을 권리를 실효성 있게 보장할 수 있다(헌법재판소 1992. 11. 12. 선고 89헌마88 결정; 헌법재판소 1999. 3. 25. 선고 97헌마130 결정; 헌법재판소 2007. 1. 17. 선고 2005헌바86 결정).

넷째, 교육의 자주성은 국가 발전과 관련이 있다(헌법재판소 1996. 4. 25. 선고 94헌마119 결정; 헌법재판소 2001. 11. 29. 선고 2000헌마278 결정; 헌법재판소 2003. 3. 27. 선고 2002헌마573 결정). 왜냐하면 국가의 성장 및 발전은 창의적인 문제해결능력을 갖춘 인적자원의 확보를 통해 가능하고, 이러한 인적자원의 개발은 교육에 대한 외부세력의 부당한 개입이 배제되는 자율적인 분위기에서 촉진되며, 학교의 억압구조가 학교폭력을 양산함으로써 학교 질서를 파괴하는 측면이 있는 것에서 알 수 있듯이 국가의 안정은 적절한 자율이 보장될 때 확보될 수 있기 때문이다(손희권, 2004b: 97).

끝으로, 교육의 자주성은 교육제도의 기본원칙이다. 왜냐하면 헌법 제31조 제6항에 명시된 교육법정주의에 따라 교육제도와 그 운영은 법률로 규정하게 되어 있고 교육의 자주성은 이러한 법률을 통하여 구체화되기 때문이다(손희권, 2004b: 98). 예를 들어, 지방교육자치에 관한 법률 제1조에서는 지방교육자치제도가 구현해야 할 헌법적 가치 중의 하나로 교육의 자주성을 명시하고 있다(헌법재판소 2000. 3. 30. 선고 99헌바113 결정; 헌법재판소 2006. 2. 23. 선고 2003헌바84 결정; 헌법재판소 2007. 3. 29. 선고 2005헌마1144 결정).

3. 내 용

교육의 자주성은 어떤 요소로 구성되어 있는가? 첫째, 교육기관의 자주성으로서 교육감독권자로부터의 자유를 의미한다(헌법재판소 2001. 11. 29. 선고 2000헌마278 결정; 헌법재판소 2003. 3. 27. 선고 2002헌마573 결정).

헌법재판소는 여기에 교육관리기구의 공선제를 추가하고 있다. 그러나 이러한 공선제는 지방교육자치제도를 실행하기 위한 하나의 수단으로서 국민의 참여를 유도한다는 점에서 민주주의와 관련이 있을 뿐 이러한 선거가 반드시 교육자들에 의하여 이루어져야 한다는 것은 아니므로 교육의 자주성과 직접적으로 관련된다고 보기 어려우며 선거의 공정한 집행을 위하여 국가의 개입을 필요로 할 수도 있으므로 교육의 자주성과 모순될 소지도 있다(손희권, 2004b: 100–101).

둘째, 교육내용의 자주성으로서 교육내용에 대한 국가의 권력적 개입이 가급적 억제되어야 한다는 의미다(헌법재판소 1992. 11. 12. 선고 89헌마88 결정).

끝으로, 교원의 자주성으로서 교원의 교육시설 설치자 · 교육감독권자로부터의 자유를 의미하며 교원의 신분 보장과 직무의 자주성으로 구성된다(헌법재판소 1991. 7. 22. 선고 89헌가106 결정; 헌법재판소 1997. 12. 24. 선고 95헌바29, 97헌바6 병합 결정; 헌법재판소 2003. 12. 18. 선고 2002헌마14 · 32 병합 결정; 헌법재판소 2006. 2. 23. 선고 2005헌가7, 2005헌마1163 병합 결정). 오히려 교원의 신분 보장은 교원지위법정주의와 관련이 있고 교육의 자주성은 교육통치의 주체에 관한 것이므로 이를 교육의 자주성의 한 요소로 간주하는 것은 부적절하다(손희권, 2004b: 101). 또한 교육의 자주성의 한 부분이 구성원

자치이고 교원은 학교구성원 중의 하나이므로 교원의 직무의 자주성은 교육의 자주성과 관련이 있다고 생각한다. 한편으로 교원의 직무의 자주성은 후술할 교육의 전문성의 개념 중 하나인 전문직의 기준에 해당될 수 있다.

사립학교법 제1조에 규정된 사립학교의 자주성은 교육의 자주성과 어떤 관계가 있는가? 헌법재판소는 사립학교의 자주성의 헌법적 근거의 하나로서 교육의 자주성을 제시하고 있다(헌법재판소 2001. 1. 18. 선고 99헌바63 결정; 헌법재판소 2006. 12. 28. 선고 2004헌바67 결정). 그러나 사립학교의 자주성은 사립학교법 제1조에 명시된 바와 같이 사립학교의 특수성을 전제로 한 자주성으로서 여기서 사립학교의 특수성이란 사립학교가 그 설립자의 사유재산임을 전제로 사적 자치의 원칙에 따라 사립학교의 건학이념을 존중한다는 뜻이므로 사립학교의 자주성을 교육의 자주성과 같은 맥락에서 이해하기는 힘들다(신현직, 1989: 49). 즉, 사립학교의 자주성은 구성원 자치보다는 기관 자치에 초점을 맞추는 반면에 교육의 자주성은 양자를 모두 포함하는 점에서 차이가 있다(손희권, 2004b: 101).

4. 제 한

교육의 자주성은 어떤 경우에 제한이 가능한가? 우선 교육의 자주성은 학생들의 권익과 복리 증진, 교원이 속한 시대의 국가와 사회공동체의 이념과 윤리 등과 같은 내재적 한계를 지니고 있다(헌법재판소 1991. 7. 22. 선고 89헌가106 결정; 헌법재판소 1997. 12. 24. 선고 95헌바29, 97헌바6 병합 결정). 또한 사회공공의 이익을 실현하기 위하여 또는 대체수단이 존재하고 현실적인 제약이 따를 경우 교육의 자주성을 제한할 수 있다(헌법재판소 1992. 11. 12. 선고 89헌마88 결정; 헌법재판소 2002. 3. 28. 선고 2000헌마283 · 778 병합 결정).

헌법재판소의 이러한 논리는 어떠한 문제점을 지니고 있는가? 교육의 자주성의 내재적 한계와 교육의 자주성이 헌법에 위반되지 아니하는 경우의 구분이 모호하고 중복된다(손희권, 2004b: 103-1044).

교육의 전문성

교육의 전문성이란 무엇을 의미하며 다른 헌법적 가치들과는 어떤 관계가 있는가? 그 해답은 다음과 같다.

1. 개 념

교육의 전문성이란 무엇을 의미하는가? 교육의 전문성의 개념에 대해서는 헌법재판소, 교육학자들 그리고 헌법학자들 사이에 약간의 견해 차이가 있다

1) 헌법재판소의 견해

헌법재판소는 교육의 전문성을 어떻게 규정하고 있는가? 헌법재판소는 대체로 다음과 같은 다섯 가지 견해를 보이고 있다. 첫째, 자격 및 경력과 관련시켜 설명하는 경우다(헌법재판소 1993. 7. 29. 선고 91헌마69 결정; 헌법재판소 2003. 3. 27. 선고 2002헌마573 결정). 이는 지방교육자치에 관한 법률에 규정된 교육감 및 교육위원의 자격요건으로서의 교육경력 또는 교육행정경력과 관련된 결정에서 주로 나타나고 있다.

그러나 이 견해는 다음과 같은 두 가지 문제점을 지니고 있다. 먼저 경력은 경험과 관련이 있는데, 경험이 곧 지식을 의미하는 것은

아니며 경험이 지식으로 전환되기 위해서는 경험에 대한 성찰(reflection)이 필요하다. 다음 전문성을 측정하기 위해서는 경험의 양뿐만 아니라 경험의 질과 내면화 정도도 고려해야 할 필요성이 있다.

둘째, 교육전문가에 의한 교육 정책 및 집행의 주도 또는 참여로 이해하는 경우다(헌법재판소 1992. 11. 12. 선고 89헌마88 결정; 헌법재판소 1996. 4. 25. 선고 94헌마119 결정; 헌법재판소 2001. 11. 29. 선고 2000헌마278 결정; 헌법재판소 2003. 12. 18. 선고 2002헌바14 · 32 병합 결정). 헌법재판소는 교육전문가로 교육문제에 관한 전문가(헌법재판소 2003. 3. 27. 선고 2002헌마573 결정), 교사(헌법재판소 2006. 7. 27. 선고 2005헌마1189 결정) 등을 제시하고 있다. 이에 따라 헌법재판소는 교육의 전문성의 내용에 피교육자인 예술영재들이 계속적으로 예술분야에서 전문적으로 정진하도록 하여야 한다거나 또는 그들에 대한 고등학교 내신 성적을 산정함에 있어서 특정의 방식을 채택하여야 한다는 것을 포함시키지 아니하였다(헌법재판소 1996. 4. 25. 선고 94헌마119 결정).

교육전문가에 의하여 교육 정책 및 집행이 주도되거나 이들의 참여하에 이루어져야 하는 이유는 무엇인가? 교육활동은 아직 스스로의 가치기준이 확립되지 아니한 인간을 대상으로 장래 국가사회발전의 기초가 되고 문화계승의 주역을 담당하는 바람직한 인간으로 성장 발달시키는 행위라는 특수성을 지니고 있기 때문이다(헌법재판소 1991. 7. 22. 선고 89헌가106 결정).

셋째, 교육전문가의 판단 또는 심사로 이해하는 경우다(헌법재판소 2006. 7. 27. 선고 2005헌마1189 결정; 헌법재판소 2007. 1. 17. 선고 2005헌바86 결정). 이는 교사의 학생 체벌이나 교사 징계와 관련된 결정에서 주로 나타나고 있다. 예를 들어, 권성, 김효종 그리고 조대현 헌법재판관은 교사의 학생 체벌의 정당성 여부를 논할 때 교사를 인성교육에 관한 전문적인 식견과 능력을 갖춘 전문가로 간주하면서 학생에 대한 훈계의 필요성 및 훈계방법에 대한 교사의 판단을 존중하여야 한다는 견해를 피력하였다(헌법재판소 2006. 7. 27. 선고 2005헌마1189 결정). 또한 헌법재판소는 교원의 신분과 관련되는 징계처분에 대한 적법성을 판단할 때에는 교육의 자주성 · 전문성이 요구되므로 법원의 재판에 앞서 교육전문가들의 심사를 먼저 받아볼 필요가 있음을 강조하였다(헌법재판소 2007. 1. 17. 선고 2005헌바86 결정).

넷째, 역량(competency)과 연결시켜 이를 정도(程度)의 개념으로 파악하는 경우다(헌법재판소 2003. 3. 27. 선고 2002헌마573 결정; 헌법재판소 2004. 3. 25. 선고 2001헌마882 결정; 헌법재판소 2006. 6. 29. 선고 2005헌가13 결정; 헌법재판소 2006. 7. 27. 선고 2005헌마1189 결정). 이러한 견해는 교육위원의 선출 주체로서의 학교운영위원의 특성, 교사의 학생 체벌, 교사 신규 채용 시 부전공 및 복수전공 가산점제도 등과 관련된 결정에서 주로 나타나고 있다.

헌법재판소는 학교운영위원들의 경우 교육에 대한 식견을 강조하고 있는(헌법재판소 2003. 3. 27. 선고 2002헌마573 결정) 반면에 교사들의 경우 헌법재판소는 교수 역량(teaching competency)에 초점을 맞추고 있다. 헌법재판소가 제시한 교수 역량은 인성교육에 대한 전문적인 식견과 능력(헌법재판소 2006. 7. 27. 선고 2005헌마1189 결정), 전문성 있게 가르칠 만한 능력(헌법재판소 2004. 3. 25. 선고 2001헌마882 결정; 헌법재판소 2006. 6. 29. 선고 2005헌가13 결정), 학생들의 신체적 · 정신적 발달수준에 맞게 가르칠 수 있는 능력(헌법재판소 2005. 6. 30. 선고 2004헌바21 결정), 학생들에게 제공되어야 할 지식이나 정보의 수준에 맞추어 각 학교급별 또는 교과과정별로 가르칠 수 있는 능력(헌법재판소 2005. 6. 30. 선고 2004헌바21 결정) 등이다.

끝으로, 교육의 전문성을 교사의 직무 특성 중의 하나로 간주하는 경우다(헌법재판소 1991. 7. 22. 선고 89헌가106 결정; 헌법재판소 2006. 12. 28. 선고 2004헌바67 결정; 헌법재판소 2007. 4. 26. 선고 2003헌마533 결정). 그러나 헌법재판소는 전문성이 교원의 다른 직무 특성인 공공성, 윤리성, 자율성, 중립성 등과 어떤 관계에 있는지에 관하여 명쾌하게 설명하지 못하고 있다. 이러한 견해는 교원의 법적 지위와 관련된 결정에서 주로 나타나고 있다.

2) 교육학자들의 견해

교육학자들은 교육의 전문성을 어떻게 규정하고 있는가? 조석훈(1998a: 423)은 교육학연구 및 교육행정학연구에 게재된 논문들을 분석하여 교육의 전문성이 교권(전문직), 교원양성 · 임용 · 연수, 교육행정 · 경영, 지방교육자치제 등과 관련하여 사용되고 있다고 주장하였다. 조석훈(1998a: 425-428)은 이를 토대로 교육의 전문성의 개념을 크게 네 가지로 구분하였다.

① 전문직: 전문직, 전문직의 속성
② 교육전문가 주도: 자유를 강조하는 외부 간섭의 배제, 전문가의 참여 및 주도
③ 수준 높은 능력: 지식 · 기술, 포괄적 능력, 전문 능력의 발휘, 전문 능력의 발휘로 일이 잘 되는 성질
④ 수월성(excellence): 독자성 · 정체성을 전제로 한 우수한 상태

상기한 교육의 전문성의 네 가지 개념 간에는 어떤 관계가 있는가? 허종렬(2000: 92)은 수준 높은 능력을 교육의 전문성의 개념으로, 교육전문가 주도를 교육의 전문성의 취지로 이해하고 있다. 오히려 교육전문가 주도를 위하여 선행되어야 할 조건이 전문직, 수준 높은 능력 그리고 수월성이고 이 중 수준 높은 능력은 전문직의 조건이며 수월성은 전문직의 결과라고 생각한다.

교육의 전문성은 전문직과 어떤 관계가 있는가? 안기성(1995: 28-33)과 조석훈(1998a: 426-427) 모두 전문직을 전문성의 개념 중 하나로 간주하면서 정도(程度)의 개념으로 파악하고 있다.

전문직이란 무엇을 의미하는가? 한국의 교육 관련 문헌들은 모두 전문직을 Liberman이 제시한 기준을 중심으로 설명하고 있다(안기성, 1995: 32; 조석훈, 1998a: 429).

① 범위가 명확하고 사회적으로 없어서는 아니 될 일에 독점적으로 종사한다.
② 고도의 지적 기술을 행사한다.
③ 장기간의 전문교육이 필요하다.
④ 직업적인 자율성을 행사한다.
⑤ 자율로 행한 일에 대하여 직접적으로 책임을 진다.
⑥ 동기유발 요인이 영리가 아니라 봉사다.
⑦ 포괄적인 자치조직을 가지고 있다.
⑧ 구체화된 윤리적 기준을 설정한다.

교육의 전문성은 전문화와 어떤 관계가 있는가? 이에 대하여 교육학자들 사이에 의견 대립이 있다. 조석훈(1998a: 432)은 교육의 전문성을 전문화의 한 요소로 간주하면서 전문화의 의미를 ① 전문직의 기준을 충족해 가는 전문직화의 과정으로서의 전문직, ② 전문성 제고 · 신장 및 전문성 보장으로서의 전문성, ③ 전문 능력을 요구하는 방향으로의 분화 그리고 ④ 전문 지식의 적용 · 활용 활동으로 구분하고 있다. 반면에 안기성(1995: 26-28)은 전문화를 전문성의 개념 중 하나로 간주하면서 사회의 분화나 이질화 현상의 하나로 이해하고 있다.

3) 헌법학자들의 견해

헌법학자들은 교육의 전문성을 어떻게 규정하고 있는가? 헌법학자들은 대체로 교육의 전문성을 교육전문가에 의한 교육 정책 및 집행의 담당 또는 참여로 이해하고 있다(계희열, 2004: 724-725; 권영성, 2007: 266; 성낙인, 2007: 603; 이준일, 2007: 808; 정종섭, 2007: 653). 양건(2007: 638)은 이를 보다 구체화하여 교육의 실시에 있어서 교육전문가, 특히 교원의 권한 보장으로 정의하고 있다. 그러나 김기영(2002: 293)은 교육의 전문성을 교육의 중요성 인식 및 질 제고를 위하여 적극적으로 학교와 사회에서 요청되는 교육수요에 상응하는 전문적인 교육을 공급할 국가의 의무로 파악하고 있다.

4) 비교

헌법재판소, 교육학자들 그리고 헌법학자들이 공통적으로 지적하고 있는 교육의 전문성의 개념은 무엇인가? 교육전문가에 의한 교육 정책 및 집행의 담당 또는 참가다. 이와 관련하여 교육전문가가 누구인지를 분명히 할 필요가 있다.

헌법재판소와 교육학자들이 공통적으로 지적하고 있는 교육의 전문성의 개념은 무엇인가? 역량과 교사의 직무 특성이다. 역량의 경우 헌법재판소는 학교운영위원회 위원과 교사의 역량에 초점을 맞추면서 전자의 경우 주로 식견에 그리고 후자의 경우 주로 교수 역량에 초점을 맞추고 있다. 또한 교사의 직무 특성은 전문직과 관련이 있으며 교육학자들은 Liberman이 제시한 전문직의 기준 여덟 가지를 인용하고 있다.

교육의 전문성에 대한 헌법재판소, 교육학자들 그리고 헌법학자들의 견해는 어떤 차이점이 있는가? 헌법재판소는 자격 및 경력과 교육전문가의 판단 또는 심사를 교육의 전문성의 개념에 포함시키고 있는 데 반하여 교육학자들은 수월성을 이 개념에 포함시키는 차이가 있다.

2. 교육의 전문성과 다른 헌법적 가치들의 관계

교육의 전문성은 다른 헌법적 가치들과 어떤 관계가 있는가? 이를 교육의 전문성과 민주주의, 학습자 중심 교육 그리고 교원노조와의 관계를 중심으로 설명하려고 한다.

1) 민주주의

교육의 전문성과 민주주의는 어떤 관계가 있는가? 헌법재판소는 교육의 전문성을 교육전문가에 의한 교육 정책 및 집행의 주도 또는 참여로 이해하면서 교육의 전문성과 민주주의가 조화를 이루어야 한다고 주장하였다(헌법재판소 2003. 3. 27. 선고 2002헌마573 결정). 이에 따라 헌법재판소는 교육의 전문성을 보장하기 위하여 민주주의의 원리가 일정 부분 제한될 수 있다고 판시하였다.

반면에 안기성(1995: 33)은 교육의 전문성을 소수 교육 전문인에 의한 교육의 직무의 독점으로 해석할 경우 다수를 그 직무에서 배제하게 되므로 교육의 전문성과 민주주의가 충돌하는 사항이 존재할 수 있다고 전제하였다. 그러나 그는 헌법의 기본원리인 자유민주주의를 부정하지 아니하는 방향으로 교육의 전문성을 해석하여야 함을 강조하였다.

이 중 어떤 견해가 보다 타당한가? 민주주의는 헌법의 기본원리이므로 헌법의 모든 조항을 해석하는 데에 지침을 제공한다. 그러므로 교육의 전문성도 민주주의의 개념 및 원리에 부합되는 방향으로 해석되어야 한다.

2) 학습자 중심 교육

교육의 전문성과 학습자 중심 교육은 어떤 관계가 있는가? 학습자 중심 교육은 학습자가 규정한 학습자의 욕구나 기대를 충족시키거나 능가하는 교육을 의미한다. 교육의 전문성과 학습자 중심 교육의 관계는 교육의 전문성의 개념을 어떻게 정의하느냐에 따라 달라 질 수 있다.

첫째, 교육의 전문성을 교사의 직무 특성 또는 전문직으로 이해할 경우에는 학습자 중심 교육과 상충될 여지가 있다. 왜냐하면 전문직의 기준에는 교사의 지식 독점 및 자율성이 포함되는 반면에 학습자 중심 교육은 학습자의 자율적 결정을 강조하기 때문이다.

둘째, 교육의 전문성을 교육전문가의 주도나 교육전문가의 판단 또는 심사로 정의할 경우 교육전문가를 누구로 보느냐에 따라 학습자 중심 교육과의 관계가 달라질 수밖에 없다. 즉, 자기주도적 학습을 강조하는 최근의 추세를 반영하여 교육전문가에 학습자도 포함시킬 경우에는 양자 간에 충돌이 없을 것이다. 반면에 교육전문가를 교사나 교육행정가로 한정할 경우 교육의 전문성은 학습자 중심 교육과 조화를 이루기 어렵다. 왜냐하면 교육에서의 주도권이 교육의 전문성의 경우 교육전문가에게 있는 반면에 학습자 중심 교육의 경우 학습자에게 있기 때문이다.

셋째, 교육의 전문성을 역량 또는 수준 높은 능력으로 파악할 경우 역량이나 능력에 무엇을 포함시키느냐에 따라 학습자 중심 교육과의 관계가 달라질 것이다. 예를 들어, 이러한 역량이나 능력에 학습자의 자기 결정을 도와주는 조력자라는 부분을 포함시킨다면 교육의 전문성이 신장될수록 학습자 중심 교육은 촉진될 것이다.

끝으로, 교육의 전문성을 경력으로 간주할 경우 학습자 중심 교육과 특별한 관계를 발견하기 어렵다. 왜냐하면 경력의 길고 짧음과 학습자의 욕구나 기대를 파악할 수 있는 능력은 관련이 별로 없기 때문이다.

3) 교원노조

교육의 전문성은 교원노동조합(이하 교원노조라 한다)과 어떤 관계가 있는가? 교사는 전문직 및 근로자라는 법적 지위를 동시에 지니고 있다. 근로기준법 제14조에 의하면 근로자란 직업의 종류를 불문하고 사업 또는 사업장에서 임금을 목적으로 근로를 제공하는 자를 의미한다.

교육의 전문성의 개념 중 하나인 전문직은 근로자와 충돌할 가능성이 있다. 전문직은 고도의 자율성을 지니고 있고, 전문직 단체를 조직하여 전문직 종사자들의 윤리성을 통제하고 있으며, 각종 정책 결정 및 집행에 관여할 수 있다. 반면에 근로자는 노동조합을 결성하여 근로조건의 자주적 향상을 위한 단체교섭을 회사 측과 할 수 있으나 정책에 관한 사항은 단체교섭의 대상에서 제외된다.

한국 교육법은 교육의 전문성과 교원노조의 관계를 어떻게 규정하고 있는가? 교육기본법 제15조 제1항에서는 교원단체의 목적을 교원의 경제적 · 사회적 지위 향상으로 규정함으로써 전문직 단체인 교원단체의 역할에 혼란을 주고 있다. 교원지위향상을위한특별법 제11조 제1항은 여기서 한 걸음 더 나아가 교원단체에게 교섭 · 협의권을 부여하였다. 더욱이 제12조에서는 교섭 · 협의의 대상에 교원의 처우개선, 근무조건, 복지후생 등을 포함시키고 있다.

이로 인하여 교원단체의 교섭 · 협의권과 교원노조의 단체교섭권이 갈등을 초래하였다. 왜냐하면 교원의 노동조합설립및운영등에관한법률 제6조 제1항에서는 교원노조의 단체교섭 대상으로 교원노조 또는 조합원의 임금, 근무조건, 후생복지 등을 제시하고 있는데 이는 교원단체의 교섭 및 협의 대상과 겹치기 때문이다.

교육의 중립성

교육의 중립성이란 무엇을 의미하는가? 이를 교육의 정치적 중립성과 종교적 중립성으로 구분하여 살펴볼 필요가 있다.

1. 정치적 중립성

교육의 정치적 중립성이란 무엇을 의미하는가?[33] 교육의 정치적

33) 교육의 정치적 중립성을 교육과 정치의 관계로 파악하여 정치의 교육적 중립과 교육의 정치적 중립을 포괄하는 것으로 이해하는 학자들이 있다(권영성, 2007: 267; 나병현, 1997: 164; 정종섭, 2007: 653). 전자는 교육에 대한 외부세력의 부당한 간섭의 배제를 의미하고, 후자는 교육이 본연의 기능을 벗어난 정치영역에의 개입 금지를 말한다. 그러나 이 견해에 따를 경우 교육의 자주성과 교육의 정치적 중립성의 구분이 모호해지는 문제점이 있다.

중립성의 개념에 대하여 교육학자들과 헌법학자들 사이에 견해의 차이가 있다.

교육학자들은 교육의 정치적 중립성을 어떻게 정의하고 있는가?[34)] 이들은 교육의 당파성 또는 편향성 배제라는 관점에서 교육의 정치적 중립성을 접근하고 있다(고전, 1999: 52-53; 표시열, 1995: 91-92).

그러나 그 근거에 대해서는 교육학자들 사이에 차이가 있다. 그 근거로 표시열(1995: 91-92)은 교육을 정치적 · 파당적 · 개인적 편견의 선전을 위한 수단으로 사용하는 것을 금지한 구 교육법 제5조를 제시하고 있다. 반면에 고전(1999: 52-53)은 교육의 본질적 성격에서 그 근거를 구하고 있다. 고전(1999: 52-53)이 제시한 교육의 본질적 성격은 교육의 인간적 주체성, 진리교육의 자유성, 교육의 전문적 자율성, 교육의 자주성 등이다.

헌법학자들은 교육의 정치적 중립성을 어떻게 규정하고 있는가? 이들은 주로 교육과 정치의 분리라는 관점에서 교육의 정치적 중립성을 파악하고 있다(계희열, 2004: 651-652; 권영성, 2007: 267; 김기영, 2002: 293-294). 즉, 교육의 정치적 중립성이란 교육이 국가권력이나 정치적 세력으로부터 부당한 간섭을 받지 아니하여야 할 뿐만 아니라 교육도 그 본연의 역할에서 벗어나 정치적 영역에 개입하지 아니하여야 한다는 것을 의미한다.

그 이유는 교육과 정치의 본질의 차이이다. 즉, 교육은 본질상 이상

34) 송준석(1995: 177-183)은 교육의 정치적 중립성에서 중립성의 개념을 무입장(무방향성), 정치로부터의 완전한 분리, 무당파성, 권력지배의 배제 그리고 일정 기준에의 합치라는 다섯 가지 의미로 파악하고 있다. 이 중 무방향성은 교육기본법 제2조에서 교육의 이념 및 목적을 제시하고 있음에서 알 수 있듯이 교육이 일정한 방향을 지향하는 것은 너무나 당연한 일이라는 점에서 한계를 지니고 있다. 또한 정치는 권력지배의 속성을 지니고 있으므로 정치로 부터의 완전한 분리와 권력지배의 배제는 유사한 의미라는 문제점을 지니고 있다.

적이고 비권력적인 속성을 지니고 있음에 반하여 정치는 현실적이고 권력적 속성을 지니고 있기 때문이다.

교육의 정치적 중립성에 대한 교육학자들과 헌법학자들의 견해 중 어느 것이 보다 타당한가? 다음과 같은 이유 때문에 교육학자들의 견해가 보다 타당하다고 생각한다(손희권, 2004c: 411-412). 첫째, 현행법상 교육과 정치는 서로 분리되어 있는 것이 아니라 상호 밀접하게 연결되어 있다. 예를 들어, 정치의 개념 속에는 통치활동도 포함되는데 국회 교육위원회, 교육인적자원부, 시 · 도교육청, 지역교육청 등에서 교육정책을 결정하고 집행하므로 교육에서도 통치활동이 이루어지고 있다.

또한 교육도 권력적 속성을 지니고 있다. 예를 들어, 미시교육정치학의 핵심 주제 중의 하나는 교육조직에서의 구성원들 간의 권력관계이고, 권력이란 강제성을 의미하는데, 의무교육(compulsory education)은 그 영어 명칭이 암시하듯이 교육의 강제를 의미하며, 이를 위반할 경우 법적 제재를 받는다.

끝으로, 교육에서의 당파성 배제라는 교육학자들의 견해는 현행법과 조화를 이룰 수 있다. 교육기본법 제6조 제1항에서는 교육이 교육 본래의 목적에 따라 그 기능을 다하도록 운영되어야 함을 강조하면서 교육을 어떠한 정치적 · 파당적 또는 개인적 편견의 전파를 위한 방편으로 이용하는 것을 금지하고 있다.

교육의 정치적 중립성은 어떤 요소로 구성되어 있는가? 이에 대해서도 헌법학자들과 교육학자들 사이에 의견 차이가 있다(손희권, 2004c: 404). 권영성(2007: 267)은 교육의 정치적 중립성의 내용으로 교육의 정치적 무당파성, 교육에 대한 정치적 압력의 배제, 교육의 권력으로부터의 독립, 교원의 정치적 중립, 교육의 정치에의 불간섭

등을 제시하고 있다. 반면에 교육학자들은 교육에서 정치적 중립성이 요구되는 부분으로 교육내용, 교원, 교육행정 등을 제시하고 있다(고전, 1999: 54-55; 송준석, 1995: 185-192).

교육의 정치적 중립성과 교원의 정치활동 제한은 어떤 관계가 있는가? 헌법재판소와 한국교육법은 전자를 후자의 헌법적 근거로 이해하고 있다(헌법재판소 2004. 3. 25. 선고 2001헌마710 결정). 이에 따라 교육기본법 제14조 제4항에서는 교원이 특정 정당 또는 정파를 지지하거나 반대하기 위하여 학생을 지도하거나 선동하는 것을 금지하고 있다.

2. 종교적 중립성

교육의 종교적 중립성이란 무엇을 의미하는가? 이는 헌법 제20조 제2항에 규정된 국교부인 및 정교분리의 원칙에 따라 국가가 특정 종교를 국교로 인정하는 것은 금지되며 교육에서 종교와 비종교 간에 그리고 종교 간에 형평성을 유지하여야 한다는 뜻이다. 이에 따라 교육기본법 제6조 제2항에서는 국·공립학교에서 특정 종교교육을 금지하고 있다. 그러나 이 조항이 국·공립학교에서 종교 일반에 대한 교육이나 비교종교적인 관점에서의 교육까지 금지하는 것은 아니다.

그렇다면 종교계 사립학교(이하 종립학교라 한다)에서 특정 종교교육을 하는 것은 금지되어야 하는가? 이를 학생들에게 선택과목으로 이수하도록 할 경우에는 허용될 수 있다.

그러나 이를 졸업필수요건과 같이 필수과목으로 규정하여 의무적으로 이수하도록 할 경우에는 학교급에 따라 달리 판단하여야 한다. 왜냐하면 초등학교와 대학교의 경우 종립학교에 대한 학생의 학교선택권이 보장되어 있는 데에 반하여 중·고등학교의 경우 제한되어 있기 때문이다.

종립대학에서 특정 종교교과를 졸업필수요건으로 부과하는 것은 허용되어야 하는가? 이에 대하여 대법원은 다음 두 가지 이유 때문에 학생들의 무신앙 자유를 침해하지 아니하는 한 이러한 부과가 허용된다고 판시하였다(대법원 1998. 11. 10. 선고 96다37268 판결). 첫째, 종립대학은 종교교육의 자유 또는 선교의 자유를 행사할 수 있다. 둘째, 종립대학은 자치권이 부여된 교육시설이므로 교육시설의 질서를 유지하기 위하여 법률상 금지된 것이 아닐 경우 학사관리, 입학 및 졸업, 학교시설의 이용에 관한 사항을 학칙으로 제정할 수 있다.

종립대학에서 특정 종교교과를 졸업필수요건으로 부과할 때 어떤 경우가 학생의 무신앙 자유를 침해하지 아니하는가? 이에 대하여 대법원은 다음과 같은 세 가지 가이드라인을 제시하였다(대법원 1998. 11. 10. 선고 96다37268 판결). 첫째, 교과과정의 직접적 목표가 신앙인이 아닌 교양인 양성이어야 한다. 둘째, 교과의 내용이 목사에 의한 예배뿐만 아니라 강연이나 드라마 등 다양한 형식을 취하여야 한다. 끝으로, 출석을 근거로 pass-fail 형식의 평가는 가능하지만 학생들의 학습 성과를 평가함으로써 이들의 신앙을 고백하도록 유도하여서는 아니 된다.

상기한 대법원의 견해는 어떤 문제점을 지니고 있는가? 종립대학에서 특정 종교교과를 졸업필수요건으로 부과하는 것은 학생이 원하지 아니하는 교과과정의 참석을 강요하는 것이므로 학생의 무신앙 자유가 아니라 종교의식에 불참할 자유의 관점에서 접근하여야 한다(손희권, 2004d: 157-158). 두 가지 이유는, 먼저 특정 종교교과의 직접적 목표와 간접적 목표의 구분이 모호하고 특정 종교교과는 신앙인과 교양인의 양성을 동시에 지향할 가능성이 크다. 다음 특정 종교교과의 형식은 내용과 관련된 것으로 종교적 내용과 비종교적 내용이 혼합되어 있을 가능성이 높고 종립대학에서 학생들에게 특정 종교교과를 가르친다는 것만으로 대학이 학생들에게 신앙을 가지거나 포기하도록 강요한다고 보기 어렵다.

종립대학에서의 특정 종교교과를 졸업필수요건으로 부과하는 것이 학생의 종교의식에 불참할 자유를 침해하는지 여부를 어떻게 판단할 수 있는가? 다음과 같은 두 가지 기준을 제시할 수 있을 것이다. 첫째, 학생이 종립대학을 선택할 권리를 행사할 수 있었는가? 둘째, 학생이 지원하는 종립대학에서 특정 종교교과를 졸업필수요건으로 부과하는 것을 학생이 알고 있었는가? 종립대학은 입시요강 등을 통하여 지원 전에 학생에게 이를 고지할 의무가 있다(손희권, 2004d: 159). 이 기준은 종립 초등학교에도 적용할 수 있다.

이 기준을 종립 중 · 고등학교에 어떻게 적용할 수 있는가? 첫째, 비평준화 지역의 고등학교, 특수목적고등학교, 자율학교, 특성화 중 · 고등학교, 자립형 사립고등학교 등과 같이 학생이 학교를 선택한 경우에 학생이 이 학교에서 특정 종교교과를 졸업필수요건으로 부과한다는 사실을 알았다면 이러한 부과가 가능하지만 그렇지 아니하다면 이를 부과하되 신앙적인 이유로 이에 동의하지 아니하는 학생에게 그 예외를 인정하여야 한다(손희권, 2004d: 164).

둘째, 학군 내에서 학생이 지원한 중 · 고등학교에 추첨을 통하여 배정된 경우에는 학생이 이 학교에서 특정 종교교과를 졸업필수요건으로 부과한다는 사실을 알았는지 여부에 관계없이 이러한 부과가 가능하지만 학생이 배정받고 난 후라도 이러한 부과에 동의하지 아니할 경우 전학을 허용하여야 한다(손희권, 2004d: 164). 왜냐하면 이 경우 학생이 학교를 지원하기 전에 해당 학교가 특정 종교교과를 졸업필수요건으로 부과한다는 사실을 학생에게 고지할 수 있는 상황이 아니기 때문이다. 이 문제를 해결하기 위하여 학생이 학교에 지원하기 전에 교육청에서 학생들에게 해당 학교에서 이러한 부과를 하는지 여부를 고지하는 것이 바람직하다고 생각한다.

끝으로, 학군 내에서 근거리 원칙에 따라 종립 중·고등학교에 배정받은 경우에는 특정 종교교과를 졸업필수요건으로 부과하는 것이 학생의 종교의식에 불참할 사유를 침해할 소지가 있으나 이 자유는 종립학교의 종교교육의 자유 및 선교의 자유와 충돌하기 때문에 이러한 졸업필수요건을 부과하되 이에 동의하지 아니하는 학생에게는 그 예외를 인정하여야 한다(손희권, 2004d: 164).

대학의 자율성

대학의 자율성의 법리는 어떻게 구성되어 있는가?[35] 그 해답은 다음과 같다.

1. 근 거

대학의 자율성의 헌법적 근거는 무엇인가? 헌법재판소는 그 헌법적 근거로 학문의 자유를 제시하고 있다(헌법재판소 1992. 10. 1. 선고 92헌마68 결정; 헌법재판소 1998. 7. 16. 선고 96헌바33·66·68, 97헌바

35) 대학의 자율성과 관련하여 이 책에 설명된 내용은 "졸고(2005), 헌법재판소 결정에 나타난 대학의 자율성 법리의 비판적 검토, 교육행정학연구, 23(4), 269-298"을 수정 및 보완한 뒤 요약 및 정리한 것이다.

2 · 34 · 80, 98헌바39 병합 결정; 헌법재판소 2006. 4. 27. 선고 2005헌마 1047 · 1048 병합 결정).

또한 상당수의 헌법학자들도 이와 유사한 견해를 보이면서 다양한 이유를 제시하고 있다. 첫 번째 견해는 헌법 제31조 제4항을 재확인 규정으로 간주하는 입장으로서 대학의 자율성의 헌법적 근거를 학문의 자유에서 찾는 이유는 다시 세 가지 견해로 구분할 수 있다. 우선 학문의 자유의 헌법적 규정이 연혁적으로 대학의 자유에서 유래하고 있고 대학의 자율성은 학문의 자유의 핵심적 내용이다(계희열, 2004: 326, 726; 정종섭, 2007: 479). 또한 대학의 자율성은 헌법 제31조 제4항에 의하여 비로소 창설된 제도가 아니라 학문의 자유에 근거하여 대학의 학문 활동을 실효성 있게 보장하기 위한 수단으로서 당연히 인정되는 것이다(권영성, 2007: 270–271; 김철수, 2007: 816). 마지막으로 학문의 자유는 절차권을 포함하고 있기 때문에 대학의 자율성은 국민이 국가에 대해서 대학이 학문의 자유를 실현하는 조직이 될 수 있도록 규율하는 법규범을 제정하도록 요구하는 권리를 가지며 국가는 그에 상응한 의무를 진다는 적극적 의미로 해석되어야 한다(이준일, 2007: 570).

두 번째 견해는 헌법 제31조 제4항을 보완 규정으로 간주하는 입장이다. 즉, 대학의 자율성은 결코 자기목적적이 아니고 학문연구의 자유를 실효성 있게 보장하기 위한 수단이다(허영, 2007: 416–417, 432–434).

세 번째 견해는 고등교육과 초 · 중등교육의 본질적 · 구조적 차이를 강조하는 입장이다(전광석, 2007: 284). 즉, 고등교육에서 이루어지는 연구 · 강의 · 교육 활동은 학문과정의 연장이거나 또는 학문과정 자체다.

네 번째 견해는 대학의 기능을 강조하는 입장이다(김기영, 2002: 295-296). 특히, 대학에서는 복수의 연구자의 상호 협력과 비판의 과정을 통하여 학문의 연구가 행하여지게 되며 대학의 자율성 보장은 대학 내 연구 및 학문 발전의 기본전제가 된다.

대학의 자율성의 헌법적 근거를 학문의 자유에서 찾는 견해들은 타당한가? 다음과 같은 이유 때문에 이러한 견해들은 타당하지 아니하며 헌법 제31조 제4항에 규정된 대학의 자율성에서 찾는 것이 타당하다(손희권, 2005: 272). 첫째, 헌법에 별도의 조항이 있음에도 불구하고 대학의 자율성의 헌법적 근거를 다른 조항에서 찾는 것은 다음과 같은 문제점을 지니고 있다. 먼저 헌법 제31조 제4항의 대학의 자율성 규정을 유명무실화한다. 다음 그 독자적 의미를 간과할 소지가 있다. 마지막으로 대학의 자율성을 특별히 헌법에 별도로 규정하려고 한 헌법개정권자의 의사가 무시될 가능성이 있다.

둘째, 학문의 자유와 대학의 자율성은 그 주체에 차이가 있다. 즉, 전자는 개인만이 주체가 될 수 있지만 후자는 교수나 학생 등과 같은 개인은 물론 대학과 학교법인과 같은 기관도 주체가 될 수 있다.

셋째, 다음과 같은 이유 때문에 대학의 자율성의 헌법적 근거를 학문의 자유에서 찾을 경우 그 보호영역 또는 범위를 왜곡시키거나 축소시킬 위험성이 있다. 우선 학문은 진리를 탐구하는 것이다. 또한 진리 탐구는 대학교수 내지는 대학구성원만의 전유물이라고 보기 어렵다. 이에 따라 대학의 자율성의 헌법적 근거를 학문의 자유에서 찾는 헌법학자들도 진리를 탐구할 수 있는 능력을 가진 자는 누구든지 학문의 자유의 주체가 될 수 있다는 입장을 보이고 있다(계희열, 2004: 366, 368-369; 권영성, 2007: 534; 김기영, 2002: 734). 마지막으로 대학은 진리 탐구 이외의 연구 · 교육 · 봉사 등 다양한 기능을 수행하기 때문에 진리 탐구가 대학 기능의 전부라고 할 수 없다.

끝으로, 대학의 자율성의 헌법적 근거를 학문의 자유에서 찾을 경우 대학의 자율성과 헌법 제31조 제1항에 보장된 능력에 따라 균등하게 교육을 받을 권리와의 관계를 간과할 위험성이 있다. 이 위험성은 대학이 고등교육기관이라는 법적 성격을 지니고 있음을 고려할 때 결코 과소평가할 수 없는 것이다.

2. 개 념

대학의 자율성은 무엇을 의미하는가? 헌법재판소는 대학의 자율성의 개념을 기관 자치 및 구성원 자치로 이해하고 있다(헌법재판소 1992. 10. 1. 선고 92헌마68 결정; 헌법재판소 2006. 4. 27. 선고 2005헌마1047 · 1048 병합 결정). 전자의 관점에서 대학의 자율성은 대학에 대한 공권력 등 외부세력의 간섭의 배제를 의미한다. 또한 후자의 관점에서 대학의 자율성은 "대학인 자신에 의한 대학의 자주적 운영"을 가리킨다. 대학의 자율성의 목적은 대학 기능의 충분한 발휘다. 대학의 기능은 진리 탐구와 지도적 인격의 도야다.

대학의 자율성의 개념에 대한 상기한 헌법재판소의 견해는 어떤 쟁점을 내포하고 있는가? 그 해답은 다음과 같다.

1) 외부세력의 범위

외부세력은 누구를 의미하는가? 헌법재판소는 외부세력으로 "공권력 등"(헌법재판소 1992. 10. 1. 선고 92헌마68 결정; 헌법재판소 2006. 4. 27. 선고 2005헌마1047 · 1048 병합 결정) 및 "국가"(헌법재판소 2001. 2. 22. 선고 99헌마163 결정)를 제시하고 있다. 또한 헌법학자들은 공권력 · 설립자 등(권영성, 2007: 270; 권형준, 1997: 22-23), 국가, 지방자치단체 그리고 대학이사회(양건, 2007: 414), 국가와 설립재단(강경근, 2004: 635), 국가(윤명선, 2004: 392; 홍성방, 2007: 511) 등 다양한 견해를 보이고 있다.

그러나 외부세력을 구체화하기보다는 폭넓게 이해할 필요가 있다(손희권, 2005: 273). 왜냐하면 오늘날 대학의 자율성은 국가뿐만 아니라 다양한 집단들에 의하여 침해당할 소지가 크기 때문이다.

외부세력에는 국가조직 중 국회와 법원도 포함되는가? 우선 국회는 포함되지 아니한다(손희권, 2005: 273). 왜냐하면 헌법 제31조 제4항에서 "대학의 자율성은 법률이 정하는 바에 의하여 보장된다."라고 규정하고 있으므로 대학의 자율성은 법률에 의해서 구체화되어야 하고 이러한 법률을 제정하는 기관은 바로 국회이기 때문이다.

또한 법원도 포함되지 아니한다(손희권, 2005: 273-274). 만약 외부세력에 법원을 포함시킴으로써 법원의 간섭을 전면 배제할 경우 헌법 제27조 제1항에서 보장한 대학구성원들의 재판청구권을 침해할 소지가 있기 때문이다.

2) 배제의 대상

배제의 대상이 외부세력의 모든 간섭인가? 다음과 같은 이유 때문에 배제의 대상을 부당한 간섭으로 제한하는 것이 타당하다(손희권, 2005: 274-275). 첫째, 헌법재판소도 대학의 자율성의 목적을 대학 기능의 충분한 발휘로 규정함으로써 대학의 자율성의 한계를 설정하고 있다(헌법재판소 1992. 10. 1. 선고 92헌마68 결정; 헌법재판소 2006. 4. 27. 선고 2005헌마1047 · 1048 병합 결정). 둘째, 대학의 자율성을 단순히 외부세력의 간섭 배제로 정의하는 헌법학자들도 일정한 조건하에서 경찰권 개입의 정당성을 인정하고 있다(강경근, 2004: 637; 계희열, 2004: 367). 셋째, 헌법에서는 대학의 자율성을 법률로 규정하도록 하고 있고 이 법률은 능력에 따라 균등하게 교육을 받을 권리를 실효성 있게 보장하는 방향으로 제정되어야 하므로 대학 교육 기회에서의 학습능력 이외에 사유에 의한 자의적인 차별을 막기 위하여 외부세력의 간섭이 필요하다. 끝으로, 대학은 그 설립주체를 불문하고 국가에서 재정 지원을 받고 있으므로 이에 대한 책무성(accountability) 확보 차원에서 국가가 대학의 운영에 간섭할 필요가 있다. 이에 따라 고등교육법 제7조 제2항에서는 대학에게 예 · 결산 공개 의무를 부과하고 있고 제5조 제1항에서는 교육인적자원부장관에게 대학에 대한 지도 · 감독권을 부여하고 있다.

3) 간섭의 정당성 판단기준

대학의 자율성을 외부세력의 부당한 간섭의 배제로 정의할 경우 외부세력 간섭의 정당성 여부를 판단할 기준은 무엇인가? 헌법재판소는 이 판단기준을 구체적으로 명시하지 아니하고 있으나 대학의 자율성의 목적을 대학 기능의 충분한 발휘로 규정함으로써(헌법재판소 1992. 10. 1. 선고 92헌마68 결정; 헌법재판소 2006. 4. 27. 선고 2005헌마1047 · 1048 병합 결정) 대학의 기능이 이 기준이 될 수 있음을 암시하고 있다. 또한 헌법재판소는 대학의 기능을 진리 탐구와 지도적 인격의 도야로 명시하고 있다. 이에 대하여 헌법학자들은 대학의 기능(김기영, 2002: 295-296), 학문의 자유 보장(윤명선, 2004: 494: 홍성방, 2005: 509) 등이 외부세력의 간섭의 정당성 판단기준이 될 수 있음을 암시하고 있고 대학의 기능을 연구와 교육으로 파악하고 있다.

상기한 헌법재판소와 헌법학자들의 견해는 타당한가? 대학의 자율성의 헌법적 근거를 학문의 자유에서 찾는 것은 부적절하므로 학문의 자유를 외부세력의 간섭의 정당성의 판단기준으로 사용하는 것은 부적절하다(손희권, 2005: 275).

그러나 대학의 기능을 외부세력의 간섭의 정당성 판단기준으로 사용하는 것은 타당하다. 왜냐하면 대학의 자율성은 그 유래에 비추어 볼 때 대학의 본질적 기능을 원활하게 수행하도록 하기 위하여 요구되는 것이기 때문이다. 이때 대학의 기능은 고등교육법 제28조에 규정된 대학의 목적을 고려할 때 연구, 교육 그리고 봉사로 규정할 수 있다.

또한 대학의 자율성은 헌법 제31조 제1항에 규정된 능력에 따라 균등하게 교육을 받을 권리를 실효성 있게 보장하기 위하여 필요한 것이다. 그러므로 학습능력이 아닌 다른 이유에 의한 대학 교육 기회에서의 자의적인 차별을 방지하기 위한 간섭은 정당화될 수 있다.

다음 대학구성원들도 기본권의 주체로서 기본권을 행사할 수 있다. 그러므로 대학구성원들의 기본권을 보장하기 위한 간섭도 정당한 간섭에 해당될 수 있다.

마지막으로 대학은 국가로부터 재정 지원을 받고 있고 이 재정의 원천은 국민의 세금이다. 그러므로 국가 및 납세자는 이 재정의 올바른 사용 여부에 대하여 감독하고 부당한 사용에 대하여 대학 측에 시정을 요구할 수 있다.

3. 내 용

대학의 자율성은 어떤 요소로 구성되어 있는가? 이에 대한 헌법재판소와 헌법학자들의 견해를 살펴보면 다음과 같다(손희권, 2005: 277−279).

헌법재판소는 대학의 자율성의 내용을 어떻게 규정하고 있는가? 첫째, 헌법재판소는 그 내용에 학사, 인사, 시설, 재정 등 전반적인 영역이 포함된다는 견해를 보이고 있다(헌법재판소 1992. 10. 1. 선고 92헌마68 결정; 헌법재판소 2001. 2. 22. 선고 99헌마613 결정; 헌법재판소 2003. 2. 27. 선고 2000헌바26 결정; 헌법재판소 2003. 12. 18. 선고 2002헌바14 결정). 학사란 연구와 교육의 내용, 그 방법과 대상, 교과과정의 편성, 학생의 전형선발, 학생의 성적평가, 학위의 수여, 학생에 대한 포상과 징계를 의미한다(헌법재판소 1992. 10. 1. 선고 92헌마68 결정). 둘째, 헌법재판소는 대학의 설립과 폐쇄가 국가의 합리적인 고도의 정책적 결단 그 자체에 의존하고 있으므로 대학의 자율성의 내용에 포함되지 아니한다는 입장을 보이고 있다(헌법재판소 2001. 2. 22. 선고 99헌마613 결정). 끝으로, 헌법재판소는 대학교원의 신분 보장을 대학의 자율성, 교육의 자주성, 교원지위법정주의의 내용으로 포함시키는 등 혼란을 보이고 있다.

헌법학자들은 대학의 자율성의 내용을 어떻게 규정하고 있는가? 첫째, 대학의 자율성의 내용이 학사, 인사, 시설, 재정 등 대학 운영과 관련된 전반적인 영역이라는 점에 대해서는 헌법학자들의 견해가 일치하고 있다(강경근, 2004: 799; 계희열, 2004: 366−367; 권영성, 2007: 271−272; 권형준, 1997: 23−24; 권형준, 2000 · 2001: 229−230; 김기영, 2002: 296−297; 김철수, 2007: 817; 성낙인, 2007: 416; 양건, 2007: 415−420; 윤명선, 2004: 492−493; 이준일, 2007: 570; 장영수, 2007: 715; 전광석, 2007: 285; 정종섭, 2007: 480; 허영, 2007: 417; 홍성방, 2007: 512−513).

둘째, 일부 헌법학자들은 대학교원의 신분 보장을 대학의 자율성의 내용에 포함시키고 있다(김백유, 2003: 326–329; 김철수, 2007: 817–819; 성낙인, 2007: 417–418). 성낙인은 그 이유로 대학의 주체인 교수가 연구와 강의를 자유롭게 할 수 있는 신분 보장이 되지 아니한다면 대학의 자율성은 허울에 불과한 것이고 그것은 결과적으로 헌법규범을 무력화시킬 뿐만 아니라 입헌주의에 대한 중대한 도전으로 간주될 수밖에 없음을 제시하고 있다.

셋째, 일부 헌법학자들은 교수회 자치 및 학생 자치를 대학의 자율성의 내용에 포함시키고 있으며 학생이 교수와 대등한 관계에 있다고 보기 어렵기 때문에 학생 자치에 대해서는 그 범위를 제한하려 하고 있다(김기영, 2002: 297–298; 김철수, 2007: 819; 윤명선, 2004: 493–494). 넷째, 일부 헌법학자들은 질서행정과 관련된 부분을 대학의 자율성의 내용에 포함시키고 있다(김선택, 2005: 237; 양건, 2007: 419–420; 이준일, 2007: 570; 허영, 2007: 417). 끝으로, 최근에 일부 헌법학자들은 대학규칙의 제정 및 개정을 대학의 자율성의 내용에 포함시키고 있다(김선택, 2005: 237; 이경운, 2000: 9–12; 이시우, 1998 · 1999: 135–136; 이시우, 2000: 143–145; 조홍석, 2000: 20–21).

대학의 자율성의 내용에 관한 헌법재판소와 헌법학자들의 견해는 타당한가? 첫째, 대학의 자율성의 내용이 학사, 인사, 시설, 재정 등 대학 운영과 관련된 전반적인 영역이라는 점에 대해서는 헌법재판소와 헌법학자들 모두가 일치된 견해를 보이고 있으므로 별다른 논란거리가 없는 것으로 보인다.

둘째, 교육공무원의 인사에 관한 법률인 교육공무원법 제7장에 신분 보장에 관한 규정을 두고 있고 헌법재판소 및 헌법학자들이 일치된 견해로 대학의 자율성의 내용으로 인사를 포함시키고 있으므로 대학교원의 신분 보장도 대학의 자율성의 내용 중의 하나로 간주할 수 있을 것이다. 그러나 헌법 제31조 제6항에서 교원의 신분 보장을 목적으로 하는 교원지위법률주의를 별도로 규정하고 있고 고등교육법 제14조 제2항에서는 교원을 "제1항의 규정에 의한 총장 및 학장 외에 교수 · 부교수 · 조교수 및 전임강사"로 구분하고 있으므로 대학교원의 신분 보장의 헌법적 근거를 대학의 자율성보다는 교원지위법률주의에서 찾는 것이 적절하다.

그러나 다음 사항들을 대학의 자율성의 내용에 포함시키는 것은 부적절하다. 첫째, 교수회 자치 및 학생 자치는 대학의 자율성의 내용보다 주체와 밀접한 관련이 있다. 둘째, 질서행정은 대학 운영에 경찰권 개입이 정당화될 수 있느냐를 의미하므로 대학의 자율성의 내재적 한계에 관한 것이다. 셋째, 대학의 자율성은 대학의 존립을 기초로 하여 성립되는 것이고 이에 따라 고등교육법 제4조 제2항에서는 대학의 설립을 교육인적자원부장관의 인가사항으로 규정하고 있으며 제62조에서는 대학폐쇄명령권을 교육인적자원부장관에게 부여하고 있으므로 대학의 설립과 폐쇄를 대학의 자율성의 내용으로 간주하기 어렵다.

끝으로, 대학규칙의 제정 및 개정은 다음과 같은 이유 때문에 대학의 자율성의 내용으로 보기 어렵다(손희권, 2005: 279). 먼저 고등교육법 제6조 제1항에 비추어 볼 때 대학규칙의 제정 및 개정은 권리라기보다 권한이므로 대학의 자율성이 기본권이라는 성격과 조화를 이루기 어렵다. 다음 고등교육법시행령 제6조 제1항에 규정된 대학규칙에 기재하여야 할 사항에 비추어 볼 때 대학규칙은 대학의 자율성의 내용인 학사, 인사, 시설, 재정 등을 담는 형식이지 내용이라고 하기 어렵다.

4. 성 격

대학의 자율성은 어떤 성격을 지니고 있는가? 헌법재판소는 처음에는 대학의 자율성의 성격에 대하여 헌법재판관들 사이에 견해의 대립이 있었으나(헌법재판소 1992. 10. 1. 선고 92헌마68 결정) 최근에는 헌법상 기본권이라는 데에 헌법재판관들이 의견의 일치를 보였다(헌법재판소 2006. 4. 27. 선고 2005헌마1047 · 1048 병합 결정).

헌법재판소의 견해는 가장 타당한가? 대학의 자율성의 성격은 법률에 의하여 구체화되는 기본권이다(손희권, 2005: 281-282).

대학의 자율성의 성격을 기본권으로 보아야하는 이유는 무엇인가? 우선 기본권이란 국가에 대한 국민의 권리를 의미하고 대학의 자율성은 국민의 권리와 의무를 규정한 헌법 제2장에 위치하고 있다. 또한 선거권과 선거제도처럼 제도 보장이 특정한 기본권을 보장하기 위한 수단이거나 재산권과 사유재산제도처럼 기본권 보장과 제도 보장[36]이 동시에 존재하는 경우가 있고 기본권은 객관적 가치질서[37]와 주관적 공권[38]이라는 이중성을 지니고 있음을 고려할 때 기본권과 제도 보장이 완전히 분리된 개념이라고 보기 어렵다.

대학의 자율성의 성격을 다른 기본권과 달리 법률에 의하여 구체화되는 기본권으로 보아야 하는 이유는 무엇인가? 먼저 헌법 제31조 제4항에서는 "대학의 자율성은 법률이 정하는 바에 의하여 보장된다."고 규정하고 있다. 다음 헌법 제37조 제2항에서는 기본권 제한의 형식요건을 법률로 규정하고 있는데, 법률에 의하여 구체화되

36) 제도 보장이란 제도를 통하여 특정의 기본권을 실현하는 것을 뜻한다. 그 예로 선거제도가 선거권을 실현하는 것을 들 수 있다

37) 객관적 가치질서란 법의 제정, 집행, 적용, 해석 등을 모두 구속하는 국가의 기본적 법질서를 의미한다.

38) 주관적 공권이란 국민이 국가와의 관계에서 행사할 수 있는 기본권을 말한다.

는 권리를 법률로 제한하는 것은 논리적으로 적절하지 아니하다.

5. 주 체

대학의 자율성의 주체는 누구인가? 헌법재판소는 대학의 자율성의 주체로 국 · 공립대학(헌법재판소 1992. 10. 1. 선고 92헌마68 결정; 헌법재판소 2001. 2. 22. 선고 99헌마613 결정; 헌법재판소 2006. 4. 27. 선고 2005헌마1047 · 1048 병합 결정), 사립대학(헌법재판소 1998. 7. 16. 선고 96헌바33 · 66 · 68, 97헌바2 · 34 · 80, 98헌바39 병합 결정; 헌법재판소 2001. 2. 22. 선고 99헌마613 결정; 헌법재판소 2003. 2. 27. 선고 2000헌바26 결정), 학교법인(헌법재판소 1998. 7. 16. 선고 96헌바33 · 66 · 68, 97헌바2 · 34 · 80, 98헌바39 병합 결정), 총장(헌법재판소 2003. 9. 25. 선고 2001헌마814 · 815 · 816 · 817 · 818 · 819 병합 결정), 교수(헌법재판소 2006. 4. 27. 선고 2005헌마1047 · 1048 병합 결정), 교수회(헌법재판소 2006. 4. 27. 선고 2005헌마1047 · 1048 병합 결정) 등을 제시하고 있다.

국 · 공립대학은 대학의 자율성의 주체가 될 수 있는가? 국 · 공립대학은 이러한 주체가 될 수 있다(손희권, 2005: 283-284). 국 · 공립대학은 공법인[39]이다. 공법인은 조직법상 국가로부터 독립되어 있고 고유한 업무 영역이 있을 경우에 기본권의 주체가 될 수 있다. 국 · 공립대학은 헌법 제31조 제4항에 규정된 대학의 자율성에 비추어 볼 때 국가로부터 독립되어 있고 교육, 연구, 봉사 등의 기능을 수행하기 위한 학사, 인사, 시설, 재정의 자율적 운영이라는 고유한

39) 공법인은 특정한 공공의 목적을 달성하기 위하여 설립된 법인으로서 국가와 공공단체가 이에 해당된다.

업무 영역을 지니고 있다.

그런데 국 · 공립대학은 국가와의 관계에서만 기본권 주체가 될 수 있을 뿐 대학구성원과의 관계에서는 이러한 주체가 될 수 없다. 왜냐하면 후자의 경우 국 · 공립대학은 공권력 행사의 주체이기 때문이다.

사립대학은 대학의 자율성의 주체가 될 수 있는가? 사립대학도 이러한 주체가 될 수 있다(손희권, 2005: 284-285). 왜냐하면 사립대학은 사법인[40]이고 공법인인 국 · 공립대학을 대학의 자율성의 주체로 인정하면서 사법인인 사립대학에 이러한 주체성을 인정하지 아니하는 것은 형평성에 어긋나기 때문이다.

사립대학법인은 대학의 자율성의 주체가 될 수 있는가? 사립대학법인은 사립학교법 제1조에 규정된 사립대학의 자주성 및 특수성 보장 차원에서 건학이념을 구현하기 위하여 사립대학의 운영에 간섭할 수 있으므로 사립대학법인도 대학의 자율성의 주체가 될 수 있다(손희권, 2005: 285-286).

대학구성원 중 누가 대학의 자율성의 주체가 될 수 있는가? 우선 총장이 행사하는 것은 권한이고 대학의 자율성의 법적 성격은 기본권이므로 총장은 대학의 자율성의 주체가 될 수 없다(손희권, 2005: 287).

또한 교직원도 대학의 자율성의 주체가 될 수 없으며 그 이유는 다음과 같다(손희권, 2005: 287-288). 먼저 대학의 자율성은 헌법 제31조 제1항에 규정된 능력에 따라 균등하게 교육을 받을 권리를 실

---

40) 사법인이란 권리-의무 관계에 국가 또는 공공단체의 강제적 권력 작용이 미치지 아니하는 법인을 뜻한다.

효성 있게 보장하기 위한 것이지 대학 통치에서의 민주화를 실현하기 위한 것이 아니다. 다음 고등교육법 제15조 제3항에서는 행정직원 등 직원의 임무를 교육활동 그 자체가 아닌 "학교의 행정사무와 기타의 사무"로 규정하고 있다.

그러나 학생은 대학의 자율성의 주체가 될 수 있으며 그 이유는 다음과 같다(손희권, 2005: 287). 먼저 대학의 자율성은 헌법 제31조 제1항에 규정된 능력에 따라 균등하게 교육을 받을 권리를 실효성 있게 보장하기 위한 것이다. 다음 학습자 중심의 교육을 실시하기 위하여 대학의 자율성의 내용 중의 하나인 학사 업무에 학생들의 참여가 절실히 요청되고 있다. 마지막으로 고등교육법 제12조에서도 학생의 자치활동을 장려 및 보호하고 있다.

또한 교수도 대학의 자율성의 주체가 될 수 있으며 그 이유는 다음과 같다(손희권, 2005: 287). 먼저 대학의 자율성은 헌법 제31조 제1항의 실효성 있는 보장을 위한 것이다. 다음 고등교육법 제15조 제2항에서는 교수의 직무 중의 하나로 교육을 명시하고 있다.

대학구성원 중 학생과 교수가 대학의 자율성의 주체라면 그 주체는 개인인가 조직인가? 다음과 같은 이유 때문에 조직이라고 생각한다(손희권, 2005: 288). 먼저 대학은 하나의 조직으로서 한 개인의 의사만을 반영할 수 없다. 다음 대학구성원의 의사가 통일적으로 표현되어야 구성원 자치의 실효성을 보장할 수 있다. 마지막으로 고등교육법 제12조에서는 학생의 자치조직 및 운영에 관한 사항을 학칙으로 정하도록 규정하고 있고 고등교육법 시행령 제4조 제16호에서는 대학평의원회 및 교수회가 있는 경우에는 그에 관한 사항을 학칙에 기재하도록 규정하고 있다.

학생과 교수가 모든 영역에서 동등한 수준의 자율성을 행사해야 하는가? 학생과 교수의 전문성과 이해관계를 고려하여 대학의 자율성의 행사 영역 및 정도에 차이를 둘 수밖에 없을 것이다(손희권, 2005: 288). 예를 들어, 인사는 교수가 주로 행사할 수 있지만 학사 및 시설의 경우에는 학생도 교수 못지않은 이해관계를 지니고 있으므로 양측이 동등하게 행사해야 하며 재정의 경우에는 교수들은 보수를 받는 입장이지만 학생들은 대학 재정의 주요 원천인 등록금을 지불하는 입장에 있으므로 학생이 주로 행사해야 한다.

대학의 자율성의 주체로서의 대학, 대학법인 그리고 대학구성원은 어떤 관계가 있는가? 이에 대해서는 조석훈(1998b: 114-121)이 대학의 자율성과 학생의 권리와의 관계에서 제시한 영역 이론을 응용하여 해결할 수 있을 것이다(손희권, 2005: 288). 그는 영역을 다음과 같은 세 가지로 구분하면서 각각의 고유영역에서는 포괄적인 자율성을 인정하고 겹치는 영역에서는 우월한 이익을 존중하여야 한다고 주장하고 있다. 첫째, 대학의 목적인 학생 교육과 학술연구에 해당하는 대학 고유영역, 둘째, 학생이라는 신분과 해당 활동이 본질적인 관계를 가지지 아니하는 학생 고유영역, 셋째, 원래 학생의 고유영역인데 학생이 대학의 시설 · 환경을 이용하거나 원래 대학의 고유영역인데 학생 자치에 개방해 놓음으로써 겹치는 영역이 그것이다.

6. 제 한

대학의 자율성은 어떤 경우에 제한이 가능한가? 이에 대해서는 헌법재판소와 헌법학자들의 견해에 차이가 있다.

헌법재판소가 제시한 대학의 자율성의 제한요건은 무엇인가? 헌법재판소는 대학의 자율성이 헌법상 보장된 기본권이므로 헌법 제

37조 제2항에 근거한 제한이 가능하지만 대학의 자율성의 내용은 법률이 정하는 바에 의하여 보장되므로 교육의 본질을 침해하지 아니하는 한 궁극적으로는 입법자에게 재량이 허용된 것으로 간주하고 있다(헌법재판소 2006. 4. 27. 선고 2005헌마1047 · 1048 병합 결정). 즉, 대학의 자율성의 침해 여부는 헌법 제37조 제2항에 의한 합리적인 입법 한계를 벗어나 자의적으로 그 본질적 내용을 침해하였는지 여부로 판단하여야 한다.

헌법학자들이 제시한 대학의 자율성 제한요건은 무엇인가? 먼저 대학의 자율성의 성격을 기본권으로 간주하는 헌법학자들은 대학의 자율성도 헌법 제37조 제2항에 규정된 기본권 제한요건을 충족시킬 경우 제한이 가능하다고 주장하였다(강경근, 2004: 799–800).

또한 대학의 자율성의 성격을 제도 보장으로 이해하는 헌법학자들 사이에는 의견의 대립이 있다. 첫 번째 견해는 헌법 제37조 제2항을 적용할 수 없고 광범위한 입법재량권이 보장되지만 제도 보장의 목적에 비추어 볼 때 대학의 자율성의 본질적 내용을 침해해서는 아니 된다는 입장이다(권영성, 2007: 273; 김기영, 2002: 299; 정종섭, 2007: 481–482). 두 번째 견해는 대학의 자율성이 헌법의 명문규정에 의하여 보호되고 있으므로 입법자가 재량적 판단에 의하여 법률의 형식으로 제도의 내용을 구체적으로 형성하고 실현할 수 있지만 헌법 제37조 제2항에 규정된 기본권 제한을 정당화할 수 있는 목적인 국가안전보장, 질서유지 그리고 공공복리를 위한 제한은 가능하고 명백 · 현존위험의 원칙과 본질적 내용 침해 금지의 원칙이 적용될 수 있다는 입장이다(김백유, 2003: 337–338).

마지막으로 대학의 자율성이 기본권과 제도 보장의 성격을 동시에 지니고 있다고 보는 헌법학자들은 대학의 자율성이 헌법 제37조

제2항에 규정된 기본권 제한요건을 충족시킬 경우 제한이 가능하지만 헌법 제22조 제1항에 규정된 학문의 자유를 강화하려는 헌법 제31조 제4항의 성격에 비추어 볼 때 이 제한요건을 보다 엄격하게 적용할 필요가 있다는 입장이다(이광윤, 외, 2003: 301-304; 조홍석, 2003: 31-32; 허종렬, 2004: 330-332).

이 중 어떤 견해가 가장 타당한가? 이미 대학의 자율성의 성격을 법률에 의하여 구체화되는 기본권으로 규정하였으므로 헌법 제37조 제2항에 규정된 기본권 제한요건을 대학의 자율성의 제한에 적용할 수 없으며 대학의 자율성에 관한 입법재량권이 허용된다(손희권, 2005: 289). 그러나 이러한 입법재량권은 절대적이거나 무제한적인 것이 아니며 일정한 한계를 지켜야 한다.

대학의 자율성과 관련된 입법재량권의 한계는 무엇인가? 먼저 대학의 자율성은 법률로 구체화되어야 하고 법률은 헌법의 하위법이므로 헌법의 모든 원칙들을 준수해야 한다. 다음 법은 이성을 지닌 인간 행동의 합리적 표준을 제시하는 것이므로 합리적이어야 한다. 마지막으로 대학의 자율성의 본질적 내용을 침해하는 것은 대학의 자율성을 형해화함으로써 이를 헌법에 보장한 취지를 무색하게 하므로 대학의 자율성을 제한하더라도 그 본질적 내용을 침해하여서는 아니 된다.

대학의 자율성의 본질적 내용은 무엇인가? 대학의 자율성은 헌법 제31조 제1항에 규정된 능력에 따라 균등하게 교육을 받을 권리를 실효성 있게 보장하기 위한 것이므로 대학의 자율성의 본질적 내용은 이 권리와의 연관성 속에서 파악하여야 한다(손희권, 2005: 290).

교육법의 헌법적 원리 상호 간의 관계

교육법의 헌법적 원리 상호 간에는 어떤 관계가 있는가? 교육법의 헌법적 원리 네 가지에 대한 개념 자체가 학자들 사이에 그리고 헌법재판소 결정 내에서 통일되지 아니한 상태이기 때문에 이 질문에 대하여 한마디로 답하기는 어렵다.

교육의 자주성과 전문성은 어떤 관계가 있는가? 교육의 자주성의 개념 중 하나인 기관 자치는 교육의 전문성의 개념 중 하나인 교육전문가 주도를 위한 전제다. 반면에 교육의 전문성에 관한 헌법 및 교육법상의 명문 규정이 없는 일본의 경우 교육법학자들은 교육의 전문성을 교육의 자율성 보장을 위한 이론적 근거로 활용하고 있다(노기호, 2006: 446, 463). 또한 교육의 전문성은 물론 교육에 관한 명문 규정이 연방헌법에 명시되어 있지 아니한 미국의 경우에도 연방대법원은 교육의 전문성을 교육의 자주성을 확보하기 위한 교사의 교재선택권 등을 인정하는 논거 중의 하나로 고려하였다(김종철, 2003: 53).

그러나 구성원 자치의 측면에서 교육통치의 주체로 교육의 자주성은 교육자를 제시하고 있는 반면에 교육의 전문성은 교육전문가를 제시하고 있다. 여기서 해결해야 할 문제는 교육자와 교육전문가의 관계다. 대체로 교육자는 교육에 대한 이해당사자를 의미하고 교육전문가는 교육에 대한 전문적인 식견과 능력을 갖춘 사람을 뜻한다. 교육에 대한 이해당사자 중에 교육에 대한 전문적인 식견과 능력을 갖춘 사람이 있을 수 있으므로 양자가 겹치는 부분도 있겠으나 원칙적으로 이해관계와 식견 또는 능력은 별개의 문제이므로 교육에 대한 이해당사자와 교육에 대한 전문적인 식견과 능력을 갖춘 사람이 반드시 일치한다고 보기는 어려울 것이다.

한편으로 교육의 자주성의 내용은 교육의 전문성의 개념 중 하나와 겹치는 부분이 있다. 즉, 교육의 자주성의 내용 중 하나인 교원의 직무의 자주성은 교육의 전문성의 개념 중 하나인 전문직의 기준에 해당될 수 있다.

교육의 자주성과 교육의 정치적 중립성은 어떤 관계가 있는가? 교육의 정치적 중립성을 교육과 정치의 분리로 이해할 경우 교육의 정치적 중립성의 한 부분인 정치의 교육적 중립성과 교육의 자주성의 개념 중의 한 부분인 기관 자치는 교육에 대한 외부세력의 부당한 개입의 배제를 의미한다는 점에서 같은 의미로 파악할 수 있다. 또한 교육의 자주성을 구성원 자치로, 교육의 정치적 중립성을 기관 자치로 이해하는 견해도(이준일, 2007: 808) 있으나 통설은 아니다.

그러나 교육의 정치적 중립성을 당파성 또는 편향성의 배제로 간주할 경우 교육의 정치적 중립성은 교육의 자주성의 의의와 관련이 있다. 즉, 교육의 자주성의 의의 중 하나는 교육의 본질 구현으로 진리교육의 실현과 관련이 있으며 진리교육을 위해서는 교육에서 당파성 또는 편향성을 배제할 필요가 있기 때문이다. 또한 고전(1999: 52-53)은 교육의 정치적 중립성을 교육에서의 당파성 또는 편향성의 배제로 규정하는 근거 중의 하나로 교육의 자주성을 제시하면서 이를 교육의 본질적 성격 중 하나로 이해하고 있다.

교육의 자주성 · 전문성 · 정치적 중립성은 어떤 관계가 있는가?[41)]

41) 신현직(1999: 156)은 교육의 자주성이 교육의 전문성을 보장하기 위하여 요구되고 교육의 정치적 중립성이 교육의 자주성을 보장하기 위하여 필요한 것으로 이해하고 있다.

이 세 가지 모두 교육통치의 원칙이라는 공통점이 있다. 이에 따라 헌법재판소도 이 세 가지를 묶어서 "교육이 국가의 백년대계의 기초인 만큼 국가의 안정적인 성장 · 발전을 도모하기 위해서 교육이 외부세력의 정치적 영향에서 벗어나 교육자 내지 교육전문가에 의하여 주도되고 관할되어야 한다는 헌법원칙"으로 이해하고 있다(헌법재판소 1992. 11. 12. 선고 89헌마88 결정; 헌법재판소 1996. 4. 25. 선고 94헌마119 결정; 헌법재판소 2003. 2. 27. 선고 2000헌바26 결정; 헌법재판소 2003. 12. 18. 선고 2002헌바14 · 32 병합 결정; 헌법재판소 2004. 3. 25. 선고 2001헌마710 결정; 헌법재판소 2006. 2. 23. 선고 2005헌가7, 2005헌마1163 병합 결정). 그러나 교육의 자주성 및 전문성은 교육통치의 주체와 관련이 있는 반면에 교육의 정치적 중립성은 교육통치의 방향과 관계가 있다.

교육의 자주성과 대학의 자율성은 어떤 관계가 있는가? 대학의 자율성은 교육의 자주성의 개념인 기관 자치와 구성원 자치를 대학에 적용한 것이다(헌법재판소 1992. 10. 1. 선고 92헌마68 · 76 병합 결정; 헌법재판소 1998. 7. 16. 선고 96헌바33 · 66 · 68, 97헌바2 · 34 · 80, 98헌바39 병합 결정; 헌법재판소 2001. 11. 29. 선고 2000헌마278 결정; 헌법재판소 2006. 4. 27. 선고 2005헌마1047 · 1048 병합 결정; 헌법재판소 2006. 4. 27. 선고 2005헌마1119 결정). 그러나 교육의 자주성과 대학의 자율성은 그 내용에서 차이가 있다. 즉, 교육의 자주성의 내용이 교육기관 · 교육내용 · 교사의 자주성인 반면에 대학의 자율성의 내용은 학사, 인사, 시설, 재정 등 대학운영 전반이다.

요약

제3장 교육법의 헌법적 원리에서 설명한 핵심 내용은 다음과 같다.

❶ 교육법의 헌법적 원리란 헌법 제31조 제4항에 규정된 교육의 자주성 · 전문성 · 중립성 및 대학의 자율성을 의미한다.

❷ 교육의 자주성은 기관 자치로서의 외부세력의 부당한 개입의 배제와 구성원 자치로서의 교육자에 의한 교육의 자주적 운영을 의미한다. 교육의 자주성은 교육의 본질 및 헌법의 기본원리를 구현하고, 학문의 자유와 교육을 받을 권리를 실효성 있게 보장하며, 국가발전에 기여하는 교육제도의 기본원칙 중 하나라는 의의를 지니고 있다. 교육의 자주성은 교육기관 · 교육내용 · 교사의 자주성으로 구성되며 기관 자치에 초점을 맞추는 사립학교의 자주성과는 차이가 있다. 교육의 자주성은 학생들의 권익과 복리를 증진시켜야 하고, 교원이 속한 시대의 국가와 사회공동체 이념 및 윤리와 조화를 이루어야 하며, 사회공공의 이익을 실현하기 위하여 또는 대체수단이 존재하고 현실적인 제약이 따를 경우 제한이 가능하다.

❸ 헌법재판소, 교육학자들 그리고 헌법학자들은 모두 교육의 전문성을 교육전문가에 의한 교육 정책 및 집행의 주도로 이해하고 있다. 헌법재판소와 교육학자들은 여기에 역량과 전문직을 추가하고 있다. 헌법재판소는 자격 및 경력과 교육전문가의 판단 또는 심사를 교육의 전문성의 개념에 포함시키고 있는 데 반하여 교육학자들은 수월성을 이 개념에 포함시키는 차이가 있다. 교육의 전문성은 헌법의 기본원리인 민주주의의 개념 및 원리에 부합되는 방향으로 해석되어야 한다. 교육의 전문성과 학습자 중심 교육의 관계는 교육의 전문성의 개념을 어떻게 정의하느냐에 따라 달라질 수 있다. 교육의 전문성의 개념 중의 하나인 전문직은 교사의 또 다른 법적 지위인 근로자와 충돌할 가능성이 있다.

❹ 교육의 정치적 중립성의 의미에 대해서는 당파성 또는 편향성의 배제라는 교육학자들의 견해와 교육과 정치의 분리라는 헌법학자들의 견해가 대립하고 있다. 교육 통치에서의 교육과 정치의 밀접한 관련성, 교육의 권력적 속성, 현행법의 규정 등을 고려할 때 교육학자들의 견해가 보다 타당하다. 헌법재판소 및 현행 교육법은 교육의 정치적 중립성을 교원의 정치활동을 제한하기 위한 헌법적 근거로 인식하고 있다.

❺ 교육의 종교적 중립성은 헌법에 명시된 국교부인 및 정교분리의 원칙에 근거한 것으로 교육에서의 종교와 비종교 간 그리고 종교 간의 형평성을 의미한다. 이에 따라 국 · 공립학교에서 특정 종교교육은 금지되지만 종교 일반에 대한 교육이나 비교종교적 관점에서의 종교교육은 허용된다. 또한 종립학교에서는 특정 종교교육을 할 수 있다. 이를 의무적으로 부과하는 것은 학생에게 종립학교에 대한 선택권이 보장되고 이러한 부과를 학생이 사전에 인식하였을 경우에 한하여 허용될 수 있으며 그렇지 않을 경우 신앙적 이유로 이에 동의하지 아니하는 학생에게는 면제나 전학을 허용하여야 한다.

❻ 대학의 자율성의 헌법적 근거는 학문의 자유가 아니라 헌법 제31조 제4항이다. 대학의 자율성은 기관 자치와 구성원 자치로 구성되어 있다. 대학의 자율성의 내용은 대학의 학사, 인사, 재정, 시설 등이고 대학의 설립과 폐쇄는 이에 포함되지 아니한다. 대학의 자율성의 성격은 법률에 의하여 구체화되는 기본권이다. 대학의 자율성의 주체는 국 · 공립대학, 사립대학, 사립대학법인, 교수, 학생 등이고 자율권 행사를 둘러싼 주체들 간의 갈등은 영역 이론을 적용하여 해결할 수 있다. 합헌적이고 합리적이고 그 본질적 내용을 침해하지 아니하는 한 대학에게 부여할 자율성의 범위에 대하여 국회가 재량권을 행사할 수 있다.

❼ 교육법의 헌법적 원리 네 가지에 대한 개념 자체에 혼란이 있기 때

문에 이 원리들 상호 간의 관계를 설명하는 것이 쉽지 아니하다. 교육의 자주성은 교육의 전문성의 전제인 동시에 교육통치의 주체에 대하여 양자의 대립이 있다. 교육의 자주성과 교육의 정치적 중립성은 후자를 교육-정치 분리로 정의할 경우 기관 자치라는 공통분모를 가지고 있다. 교육의 정치적 중립성을 당파성 또는 편향성의 배제로 규정할 경우 교육의 정치적 중립성은 교육의 자주성의 의의와 관련이 있다. 교육의 자주성 · 전문성 · 정치적 중립성은 교육통치의 원칙이지만 교육의 자주성 및 전문성이 그 주체에 관한 것인 데 반하여 교육의 정치적 중립성은 그 방향과 연관이 있다. 대학의 자율성은 교육의 자주성과 개념을 공유하고 있지만 그 내용에 있어서는 양자에 차이가 있다.

| 핵심어 |

제3장 교육법의 헌법적 원리의 핵심어는 다음과 같다.

1. 교육법의 헌법적 원리
2. 교육의 자주성
3. 기관 자치
4. 구성원 자치
5. 교육기관의 자주성
6. 교육관리기구의 공선제
7. 교육내용의 자주성
8. 교원의 자주성
9. 직무의 자주성
10. 교육통치
11. 사립학교의 자주성
12. 사립학교의 특수성
13. 사적 자치의 원칙
14. 교육의 전문성
15. 자격
16. 경력
17. 교육전문가
18. 교육전문가 주도
19. 교육의 특수성
20. 교육전문가의 판단
21. 역량
22. 교사의 직무 특성
23. 공공성
24. 윤리성
25. 자율성
26. 중립성

27. 전문직
28. 수월성
29. 전문화
30. 민주주의
31. 학습자 중심 교육
32. 교원노조
33. 교육의 중립성
34. 교육의 정치적 중립성
35. 교육의 종교적 중립성
36. 당파성의 배제
37. 교육과 정치의 분리
38. 정치의 교육적 중립성
39. 교원의 정치활동 제한
40. 국교부인
41. 정교분리
42. 무신앙의 자유
43. 종교교육의 자유
44. 선교의 자유
45. 종교의식에 불참할 자유
46. 대학의 자율성
47. 학문의 자유
48. 대학의 기능

신문기사 비평

다음은 종립학교에서의 특정 종교교육과 학교교육 정상화를 위한 2008학년도 이후 대학입학제도(이하 2008학년도 대입제도라 한다)[42]에 대한 신문기사다.

1. 종립학교에서의 특정 종교교육

종립학교에서의 특정 종교교육의 의미를 살펴보고 이와 관련된 신문기사를 읽은 뒤 다음에 제시된 생각해 볼 문제를 교육법의 헌법적 원리를 적용하여 풀어 보자.

42) 2008학년도 대입제도에 대해서 헌법소원이 청구되었으나 그 요건을 갖추지 못하여 각하되었고(헌법재판소 2004. 12. 7. 선고 2004헌마841 결정) 동일인에 의하여 또다시 헌법소원이 청구된 상태다.

1) 종립학교에서의 특정 종교교육

종립학교는 특정 종교를 선전 또는 교육하기 위하여 설립된 학교다. 이에 따라 종립학교에서 특정 종교를 교육하는 것은 가능하다. 그러나 이러한 교육을 선택사항이 아닌 필수사항으로 부과하는 것이 타당한지에 대해서는 논란이 계속되고 있다.

2) 신문기사

[사설] 선교와 교육을 혼동하는 종교사학

우리나라에 종교의 자유는 있는가? 이런 물음을 던지면 의문의 여지가 없는 명제에 새삼스럽게 왜 의문을 갖느냐고 힐난할 것이다. 헌법 20조 1항에 '모든 국민은 종교의 자유를 가진다.' 고 규정돼 있고, 이 조항에 이의를 제기할 사람은 전혀 없기 때문이다. 그런데 종교자유정책연구원이 최근 조사한 결과를 보면 이런 의문을 가질 충분한 이유가 있다는 생각이 든다. 종교재단이 설립한 중 · 고교에서 학생들의 종교 자유를 침해하는 일이 여전하다는 지적이 있기 때문이다.

조사결과에 따르면 서울의 한 여고는 매일 아침 방송예배를 하고 반별 찬양대회 참가를 강요하고 있으며, 경기지역의 한 고교는 토요일을 안식일로 부르며 학생 전원에게 예배를 보도록 강요한다. 임원 출마 자격을 '본교 설립이념에 맞춰 신앙생활을 하는 자' 라고 못박아 교인이 아니면 학생회장이 될 수 없도록 하는 학교도 있다고 한다. 중 · 고교에서 일어나는 일이어서 문제없이 넘어갈 뿐 따지고 들면 하나하나가 헌법정신에 위배되는 일들이다.

학내 종교자유 보장을 외치며 단식 시위를 벌인 서울 대광고 강의석 군 사건 이후 교육당국은 '종교관련 장학지도 계획' 을 마련, 일선 학교에 내려보낸 적이 있다. 종교과목을 개설할 때 철학이나 윤리 같은 과목을 함께 개설해 학생이 선택할 수 있게 하라는 등의 내용이다. 특정 종교사학에 자기 의사와 관계없이 진학한 다른 신앙을 가진 학생 입장에서 보면 너무나 당연한 조치다.

종교재단 측은 이 지침을 수용하면 신앙을 가진 사람에게만 종교교육을 할 수 있게 돼 종교사학의 건학이념이 부정된다며 거부하고 있다. 하지만 이는 선교와 교육을 혼동한 것이다. 학교 설립자의 신앙을 세상에 전파하는 일과 사회에서 필요한 인재를 육성하는 일은 종교와 정치의 분리만큼이나 구분지어 접근해야 할 개념이다. 게다가 국가의 재정지원을 받아 운용되는 학교라면 마땅히 인류의 보편적 가치를 교육해야 한다. 교육당국은 이처럼 헌법정신을 망각하는 사례가 없도록 종교사학에 대해 적극적인 장학지도에 나설 필요가 있다.

경향신문 2007. 4. 12.
출처: http://www.khan.co.kr/

3) 생각해 볼 문제

1. 종교자유정책연구원에서 제시한 사례들은 교육의 종교적 중립성에 위반되는가?
2. 교육 당국이 마련한 종교관련 장학지도 계획에 따를 경우 종립학교의 건학이념이 부정된다는 종립학교의 주장은 타당한가?
3. 선교와 교육은 분리되어야 한다는 사설의 입장에 동의하는가?
4. 종립학교에 대한 국가의 재정 지원이 선교와 교육을 분리시킬 정당한 사유가 될 수 있는가?
5. 교육의 종교적 중립성을 확보하기 위하여 교육 당국은 종립학교에 대해 어떤 내용의 장학지도를 어떤 방법으로 수행하여야 하는가?

2. 학교교육 정상화를 위한 2008학년도 이후 대학입학제도

2008학년도 대입제도의 의미를 살펴보고 이와 관련된 신문기사를 읽은 뒤 그 다음에 제시된 생각해 볼 문제를 교육법의 헌법적 원리를 적용하여 풀어 보자.

1) 2008학년도 대입제도의 의미

2008학년도 대입제도의 주요 골자는 학교생활기록부(이하 내신이라 한다)의 반영 비중을 확대하고, 대학수학능력시험제도(이하 수능이라 한다)를 개선하여 성적을 제공하지 아니하고 등급으로만 제공한다는 것이다. 즉, 대학의 학생선발에 있어서 내신을 위주로 하고 수능은 참고로 한다는 내용이다.

2) 신문기사

〈포럼〉 정부 대학입시 통제가 정당한가?

조전혁 인천대 교수, 자유주의교육운동연합 상임대표

2008학년도 입시에서 연세대, 이화여대 등 일부 사립대학이 내신 4등급까지 만점을 주는 것을 검토한다는 내용이 알려지자 대통령이 또 나섰다. "내신 무력화는 고교등급제로 가는 길"이라며 "범정부적인 대책을 마련하라."고 지시했다는 것이다. 서울대의 통합교과형 논술 방침에 대해 '나쁜 뉴스'라고 비난한 지 만 2년 만의 일이다. 교육부는 "학생부 실질반영률을 높이지 않으면 재정지원을 중단하겠다."고 대학에 으름장을 놓았다.

대통령은 "또 '그놈의 헌법' 이야기냐?"며 역정을 내겠지만, 헌법 얘기를 하지 않을 수 없기에 하는 말이다. 헌법 제31조 1항과 4항에서는 각각 '모든 국민은 능력에 따라 균등하게 교육을 받을 권리를 가진다.' '대학의 자율성은 법률이 정하는 바에 의하여 보장된다.' 고 규정하고 있다. 이번에 대통령과 정부의 반응은 이들 헌법 조항에 반할 뿐 아니라 현실적으로도 정당하지 않다.

우선 현실적인 면을 보자. 교육 당국은 대학의 입학전형에 있어서 모든 고등학교의 학생부 등급을 동일하게 반영할 것을 요구한다. 여기에는 전제조건이 있다. 말 많은 평준화 여부다. 정부 정책이 설득력을 가지려면 고등학교 사이에 격차가 무시할 정도임을 증명해야 한다. 그러나 대부분의 실증연구 결과에 따르면 지역 간 · 학교 간에는 '엄청난' 격차가 존재한다. 이들 연구에 따르면 전체 40% 이상의 고등학교 전교 1등이 나머지 60%의 학교에 가면 전교 50~60등에도 미치지 못하는 것으로 나타났다.

교육부는 외고 · 특목고를 들먹이는데 이는 '비겁한' 일이다. 내신의 불리함을 무릅쓰고 진학한 외고생과 특목고생은 오히려 문제가 아니다. 교육부 가이드라인을 따르면 전국 60% 이상 학교의 내신 2 · 3등급 학생들이 자기들보다 실력이 떨어지는 나머지 40% 학교의 내신 1등급 학생들에게 불이익을 보게 된다. 과연 이것이 '능력에 따라 균등하게' 교육을 받도록 하는 것일까.

"꼭 학력만이 능력이냐? 어디서든 1등급은 잠재력이 있는 것 아니냐?" 고 주장할 수 있다. 맞는 말이다. 그러나 그 판단은 대학의 몫이다. 우리 헌법이 대학을 '특정(特定)' 해서 자율성을 보장한 것도 바로 이런 의미다. 이것이 마음에 안 든다면 방법은 있다. 헌법 제37조는 '국가안전보장, 질서유지 또는 공공복리를 위하여 필요한 경우 법률로써 제한할 수 있다.' 고 하지 않았는가. '대학입학전형에관한특별법' 이라도 제정할 일이다. 같은 조항에서 '제한하는 경우에도 자유와 권리의 본질적인 내용을 침해할 수 없다.' 는 말이 마음에 걸리기는 하지만.

또한 법 제정보다는 강력하지 않지만 또 다른 방법이 있다. 바로 돈으로 통제하는 것이다. 교육 당국은 "지금 그렇게 하지 않느냐?" 며 항변할 것이다. 정부가 대학에 지원하고 있다는 돈이 어떤 돈인가? 연구·개발이나 특정한 목적 사업을 위한 지원이 아니던가. 대학의 입학전형은 기본적으로 대학의 운영에 대한 업무다.

대학 입시 때문에 정부의 재정 지원을 끊는다고 하니 "정부가 대학에 운영비를 지원하나?" "운영비 지원받으면서 왜 말 안 들어?" 하고 오해하는 국민이 많기에 하는 말이다. 돈으로 대학 입학전형을 통제하더라도 원칙에 맞아야 한다. 사적 주체에게 공익적 행동을 유인하는 것이 보조금 정책이다. 입시 가이드라인의 준수 여부에 따라 재정 보조를 한다면 별문제다. 대입 교육정책 당국자에게 경제학 원론을 한 번 정독하기를 권한다.

그러나 법을 제정하든, 연구개발 재정 지원금을 통제하든, 아니면 입시 가이드라인 보조금을 지급하든, 정부가 대학 입학전형을 통제하는 것은 대통령식 표현을 빌리면 '쪽팔리는' 일임에 틀림없다.

문화일보 2007. 6. 18.
출처:www.munhwa.com

3) 생각해 볼 문제

1. 내신 실질 반영 비율의 확대가 능력에 따라 균등하게 교육을 받을 권리 및 대학의 자율성에 위반된다는 저자의 주장에 동의하는가?
2. 연구·개발 지원비를 대학입학전형 계획을 통제하는 수단으로 사용하는 것이 부당하다는 저자의 주장에 동의하는가?
3. 법이나 재정 지원을 통하여 대학입학전형을 통제하는 것이 부적절하다는 저자의 주장에 동의하는가?

4. 대학입학전형에 대한 국가의 정당한 통제 사유 및 방법은 무엇인가?

실천 활동: 전국교직원노동조합의 계기수업을 둘러싼 갈등 분석

1. 전국교직원노동조합이 실시한 계기수업의 일지와 내용을 조사하시오.

2. 전국교직원노동조합의 계기수업에 대한 이익집단들의 의견을 찾아보시오.

3. 계기수업에 대한 전국교직원노동조합의 입장과 이익집단들의 의견 중 어느 쪽이 교육법의 헌법적 원리에 보다 부합되는지 검토하시오.

참고문헌

강경근(2004). 신판 헌법. 서울: 법문사.

강인수(2000 · 2001). 의무교육제도와 헌법판례. 한국교육법연구, 6 · 7, 95-127.

계희열(2004). 헌법학(중). 서울: 박영사.

고전(1997). 교사의 법적 지위에 관한 연구. 교육법학연구, 9, 168-193.

고전(1999). 균형잡힌 교육의 정치적 중립성. 새교육, 539, 51-57.

권영성(2007). 헌법학원론(개정판). 서울: 법문사.

권형준(1997). 고등교육법(안)과 대학자치의 구현. 한국교육법연구, 3, 17-27.

권형준(2000 · 2001). 사립학교법과 대학의 자율성. 한국교육법연구, 6 · 7, 211-235.

김기영(2002). 헌법강의. 서울: 박영사.

김백유(2003). 대학의 자유. 헌법학연구, 9(2), 309-341.

김범주(2001). 신교육법. 서울: 지정.

김선택(2005). 대학자치의 헌법적 보장과 구체화입법. 헌법학연구, 11(1), 223-251.

김수갑(1993). 헌법상 문화국가의 원리에 관한 연구. 고려대학교 대학원 박사학위논문.

김윤섭(2000). 교육법원리. 서울: 영진서관.

김재웅(1999). 홈스쿨(Home School)의 교육적 · 정치적 의미. 교육학연구, 37(4), 255-274.

김종철(2003). 미국법상 교육의 자주성 · 전문성 · 정치적 중립성. 연세대학교 법학연구소 법학연구, 13(3), 51-85.

김철수(2007). 헌법학개론(제19전정신판). 서울: 박영사.

나병현(1997). 지방교육자치제도의 철학적 기반: 교육의 자율성, 전문성, 정치적 중립성, 주민통제의 의미와 한계. 입법조사연구, 245, 145-178.

노기호(2006). 일본에서의 교육의 자주성 · 전문성 및 정치적 중립성에 대한 논의. 공법학연구, 7(1), 437-468.

박종국(2005). 신헌법강의. 서울: 동방도서.

성낙인(2007). 헌법학(제7판). 서울: 법문사.

소경희(2002). 고등학교 선택중심 교육과정에 제시된 '학교선택권' 의 의미와 구현 방안 탐색. 교육과정연구, 20(4), 87-106.

손희권(1999). "능력에 따라 균등하게 교육을 받을 권리" 에 관한 헌법재판소 판례분석. 교육행정학연구, 17(2), 185-207.

손희권(2004a). 교육을 받을 권리의 자유권적 성격. 교육법학연구, 16(2), 117-138.

손희권(2004b). 교육의 자주성에 관한 헌법재판소 판례 분석. 교육행정학연구, 22(3), 89-108.

손희권(2004c). 국 · 공립학교 초 · 중등교원들의 정치활동을 제한하는 것은 헌법에 위반되는가? 교육행정학연구, 22(2), 397-416.

손희권(2004d). 사립학교에서의 의무적 종교교육의 헌법 위반 여부 검토. 교육행정학연구, 22(4), 149-169.

손희권(2005). 헌법재판소 결정에 나타난 대학의 자율성 법리의 비판적 검토. 교육행정학연구, 23(4), 269-298.

손희권(2006). 헌법재판소가 인식한 교육법정주의 법리의 비판적 고찰. 한국교육, 33(2), 197-221.

송요원(2003). 교육을 받을 권리의 무상성. 토지공법연구, 19, 763-783.

송준석(1995). 교육의 정치적 중립성에 관한 철학적 함의. 한남교육연구, 3, 175-195.

신현직(1989). 교육의 자주성에 관한 현행교육헌법의 헌법학적 재검토. 형평과 정의, 4, 36-58.

신현직(1999). 교육의 자주성 · 전문성 · 정치적 중립성의 법리. 교육법학연구, 11, 153-169.

안기성(1995). 교육의 전문성과 자주성에 관한 교육법 해석학. 교육법학연구, 7, 19-35.

양건(2007). 헌법강의 1. 서울: 법문사.

오호택(2006). 헌법강의(제6판). 서울: 동방문화사.

윤명선(2004). 인터넷 시대의 헌법학(증보판). 서울: 대명출판사.

이경운(2000). 국 · 공립대학 운영체제의 개선과 자율성 확보. 공법연구, 28(4-2), 1-21.

이광윤 외(2003). 교육제도의 헌법적 문제에 관한 연구. 헌법재판연구, 14.

이근식(2001). 자유주의와 한국사회. 이근식 · 황경식 편. 자유주의란 무엇인가: 자유주의의 의미, 역사, 한계와 비판. 서울: 삼성경제연구소, 13-75.

이시우(1998 · 1999). 대학의 자율성과 고등교육법상의 대학평의원회 및 교무위원회 구성문제. 한국교육법연구, 4 · 5, 129-155.

이시우(2000). 헌법과 대학의 자치. 경영학연구, 13, 135-163.

이준일(2007). 헌법학강의. 서울: 홍문사.

장영수(2007). 헌법학. 서울: 홍문사.

전광석(2007). 한국헌법론(제4판). 서울: 법문사.

정현승(2005). 의무교육의 무상성. 교육법학연구, 17(1), 233-255.

조석훈(1998a). 수요자 중심 교육체제의 입장에서 '교육의 전문성'에 대한 재해석. 교육행정학연구, 16(3), 422-456.

조석훈(1998b). 대학의 자치와 학생의 권리. 교육법학연구, 10, 105-126.

조석훈 · 김용(2007). 학교와 교육법(제2판). 서울: 교육과학사.

조홍석(2000). 대학자치제와 교수회의 의결권. 헌법학연구, 9(1), 9-38.

차수봉(2006). 교육헌법의 기본원리: 교육의 자주성, 전문성, 정치적 중립성의 법리를 중심으로. 공법논총, 2, 253-280.

최봉철(2003). 권리의 개념에 관한 연구: 의사설과 이익설의 비교. 법철학연구, 6(1), 51-78.

표시열(1995). 교육의 정치적 · 종교적 중립성에 관한 주요 쟁점. 안암법학, 3, 89-114.

허 영(2007). 한국헌법론(전정3판). 서울: 박영사.

허재욱(2003). 신교육법요론. 서울: 형설출판사.

허종렬(2000). 헌법상 교육의 자주성 · 전문성의 법리: 교육자치제도 및 교원양성체제 개편론과 관련하여. 교육진흥, 48, 85-96.

허종렬(2004). 헌법상 사학법인의 자주성과 사립대학의 자율성 법리 연구: 사립학교법 개정방향 탐색을 위한 헌법원리적 접근. 교육법학연구, 16(2), 313-338.

홍성방(2007). 헌법학(개정4판). 서울: 현암사.

홍후조(2001). 선택 교육과정의 편성 · 운영에서 '과목' 선택 '교과영역' 선택. 교육과정연구, 19(2), 53-76.

헌법재판소 1990. 10. 8. 선고 89헌마88 결정.

헌법재판소 1991. 2. 11. 선고 90헌가27 결정.

헌법재판소 1991. 7. 22. 선고 89헌가106 결정.

헌법재판소 1992. 10. 1. 선고 92헌마68 · 76 병합 결정.

헌법재판소 1992. 11. 12. 선고 89헌마88 결정.

헌법재판소 1993. 7. 29. 선고 91헌마69 결정.

헌법재판소 1994. 2. 24. 선고 93헌마192 결정.

헌법재판소 1995. 2. 23. 선고 91헌마204 결정.

헌법재판소 1996. 4. 25. 선고 94헌마119 결정.

헌법재판소 1997. 12. 24. 선고 95헌바29, 97헌바6 병합 결정.

헌법재판소 1998. 7. 16. 선고 95헌바19 · 26 · 30 · 42 · 61, 96헌마75 병합 결정.

헌법재판소 1998. 7. 16. 선고 96헌바33 · 66 · 68, 97헌바2 · 34 · 80, 98헌바39 병합 결정.

헌법재판소 1999. 3. 25. 선고 97헌마130 결정.

헌법재판소 2000. 3. 30. 선고 99헌바14 결정.

헌법재판소 2000. 3. 30. 선고 99헌바113 결정.

헌법재판소 2000. 4. 27. 선고 98헌가16, 98헌마429 병합 결정.

헌법재판소 2001. 1. 18. 선고 99헌바63 결정.

헌법재판소 2001. 2. 22. 선고 99헌바93 결정.

헌법재판소 2001. 4. 26. 선고 2000헌가4 결정.
헌법재판소 2001. 11. 29. 선고 2000헌마278 결정.
헌법재판소 2002. 3. 28. 선고 2000헌마283 · 778 병합 결정.
헌법재판소 2003. 2. 27. 선고 2000헌바26 결정.
헌법재판소 2003. 3. 27. 선고 2002헌마573 결정.
헌법재판소 2003. 9. 25. 선고 2001헌마814 · 815 · 816 · 817 · 818 · 819 병합 결정.
헌법재판소 2003. 12. 18. 선고 2002헌바14 · 32 병합 결정.
헌법재판소 2004. 3. 25. 선고 2001헌마710 결정.
헌법재판소 2004. 3. 25. 선고 2001헌마882 결정.
헌법재판소 2004. 5. 27. 선고 2003헌가1, 2004헌가4 병합 결정.
헌법재판소 2004. 10. 21. 선고 2004헌마554 · 566 병합 결정.
헌법재판소 2005. 3. 31. 선고 2003헌가20 결정.
헌법재판소 2005. 6. 30. 선고 2004헌바21 결정.
헌법재판소 2005. 7. 21. 선고 2003헌마282 · 425 병합 결정.
헌법재판소 2005. 11. 24. 선고 2003헌마173 결정.
헌법재판소 2005. 12. 22. 선고 2004헌라3 결정.
헌법재판소 2006. 1. 26. 선고 2005헌마98 결정.
헌법재판소 2006. 2. 23. 선고 2005헌가7, 2005헌마1163 병합 결정.
헌법재판소 2006. 2. 23. 선고 2003헌바84 결정.
헌법재판소 2006. 3. 30. 선고 2005헌마598 결정.
헌법재판소 2006. 4. 27. 선고 2005헌마1047 · 1048 병합 결정.
헌법재판소 2006. 4. 27. 선고 2005헌마1119 결정.
헌법재판소 2006. 5. 25. 선고 2004헌바72 결정.
헌법재판소 2006. 6. 29. 선고 2005헌가13 결정.
헌법재판소 2006. 7. 27. 선고 2005헌마1189 결정.
헌법재판소 2006. 10. 26. 선고 2004헌마13 결정.
헌법재판소 2006. 12. 28. 선고 2004헌바67 결정.
헌법재판소 2007. 1. 17. 선고 2005헌바86 결정.
헌법재판소 2007. 3. 29. 선고 2005헌마1144 결정.
헌법재판소 2007. 4. 26. 선고 2003헌마533 결정.

대법원 1998. 11. 10. 선고 96다37268 판결.

국가인권위원회 2003. 5. 7. 자 02진차70 결정.
국가인권위원회 2006. 8. 29. 자 04진차386 결정.
국가인권위원회 2006. 10. 9. 결정.
국가인권위원회 2007. 4. 11. 자 07진차51 결정.

강원일보 2007. 3. 14. 원주고 도내 첫 교사선택제 도입.
경향신문 2007. 4. 12. 〔사설〕 선교와 교육을 혼동하는 종교사학.
국민일보 2007. 7. 5. 〔여의도 포럼-이진우〕 교육기회 균등할당의 허구.
동아일보 2006. 11. 9. "홈스쿨링만으로 대학 합격" 인하대 국내 최초 10 명 선발.
문화일보 2007. 6. 18. 〔포럼〕 정부 대학입시 통제가 정당한가?
조선일보 2007. 3. 6. 〔핫이슈 토론방〕 학생의 담임교사 선택 찬성 58%.
중앙일보. 2006. 6. 7. 미국서 귀족형 홈스쿨링 인기: 학생 23만 명, 가정교사 두고 '맞춤형 교육' 부모가 해외여행 땐 교사 동반하기도.
중앙일보 2007. 2. 27. 〔이훈범의 시시각각〕 충암고 선생님들에 박수를.
한겨레신문 2007. 2. 27. "고교 담임선택제" --- "사진보고 뽑았다": 실제 교사 정보 없어. "제대로 된 학급운영안 없어 사진보고 뽑았다."
한겨레신문 2007. 3. 4. 〔사설〕 신설학교 재원, 정부 · 지자체 · 주민 모두의 몫이다.
한겨레신문 2007. 3. 7. 충암고 '담임선택제' 의 진실은?: "젊은 교사 집중 배치로 강행, 생색내기용."

교육인적자원부 홈페이지 http://www.moe.go.kr/
사단법인 참교육을 위한 전국 학부모회 홈페페이지 http://www.hakbumo.or.kr/
충암고등학교 홈페이지 http://www.cham.hs.kr/

찾아보기

경력 114, 120, 122
계층균등할당제 41, 44, 45
공공성 96, 117
공민권 38
과잉금지의 원칙 72, 73
교사 선택 32
교사의 직무 특성 117, 120, 121
교원노조 120, 122, 123
교원의 신분 보장 59, 82
교원의 의무 59
교원의 자주성 112
교원의 정치활동 제한 126
교원의 지위 59, 77, 78, 80
교원의 지위에 관한 기본적인 사항 58, 75, 77, 78, 79, 80
교원지위법정주의 58, 59, 81, 82
교육 결과의 평등 27
교육과 정치의 분리 99, 124, 147
교육관리기구의 공선제 95, 112
교육기관의 자주성 112
교육기본법 26, 29, 32, 38, 39
교육내용의 자주성 112
교육법의 헌법적 원리 93, 146, 152, 155, 158
교육법정주의 75, 77, 80, 81
교육을 받을 권리 24, 26, 34, 37
교육의 기능 24
교육의 기회 균등 29
교육의 목적 38, 39, 80, 81
교육의 자주성 94, 95, 96, 108, 109, 110, 111, 112, 113, 114, 116, 124, 136, 146, 147, 148,
교육의 전문성 95, 113, 114, 115, 117, 118, 119, 120, 121, 122, 123, 146, 147
교육의 정치적 중립성 98, 99, 123, 124, 125, 126, 147, 148
교육의 종교적 중립성 126
교육의 중립성 123
교육의무 53, 61, 62, 63, 64, 66, 67, 84, 85, 87
교육재정 53, 56, 75, 77, 87
교육재정법정주의 55, 72
교육전문가 95, 115, 116, 119, 120, 121, 122, 146, 148,
교육전문가 주도 117, 118, 146
교육전문가의 판단 115, 120, 121
교육제도 65, 72, 75, 77, 78, 85, 90
교육제도에 관한 기본적인 사항 78
교육조건 20, 22, 29, 34, 35,
교육조건의 정비 66, 67, 68, 74
교육통치 109, 112, 146, 148
구성원 자치 103, 109, 112, 113, 132, 142, 146, 147, 148
국교부인 126
국민 61, 75, 76
권리 15, 24
권한 53, 54, 55, 60, 77, 103, 109, 113, 132, 146, 147, 148,
기본권 21, 24, 25, 37
기본적인 사항 77, 78, 80

능력 68, 74, 76, 78, 80, 85

대학의 기능 103, 131, 132, 134, 135
대학의 자율성 101, 102, 103, 104, 129, 130, 131, 132, 133, 134

무상교육 68
무상의무교육 68, 70, 71
문화국가 24
민주주의 24, 25, 38, 110, 112, 120, 121,

법률상의 권리 65
법률의 정비 75, 77
법률이 정하는 교육 63, 64, 65
법적 책임 60
보호자 63, 64, 65, 68, 71, 72
복지국가 25
부담금 72, 73

사립학교의 자주성 96, 113
사립학교의 특수성 113
사적 자치의 원칙 113
사회국가 25
사회권 25, 29, 33, 34,
생존권 38
생활능력 28, 38
선교의 자유 127, 129
선택 23, 26, 30, 32
수업료 69, 70, 71, 80, 81
수월성 117, 118, 120
수학능력 28, 36, 45

역량 116, 120, 122
윤리성 117, 122
의무 60
의무교육 53, 54, 55, 62, 64, 65
의무교육 경비 53, 54, 55, 56, 68, 72, 73
의사설 23
이익설 23, 24
인간으로서의 존엄과 가치 25, 31

자격 114, 120
자유권 26, 27, 29, 30, 32, 33, 34
자율성 117, 129, 131, 132, 134, 135
전문직 117, 122
전문화 118, 119
정교분리 126
정치의 교육적 중립성 147
조세 72, 73
종교교육의 자유 127, 129
종교의식에 불참할 자유 127, 128, 129
중립성 123
지능 28
지방자치단체 54, 55, 61, 65, 66, 67, 68, 73, 77
직무의 자주성 112, 113, 147

취학의무 64
취학필수비 69
친권자 63

평등 20, 25, 26, 27, 29, 31, 36, 68, 73
평등의 원칙 72, 73
평생교육 26, 28
평생교육을 받을 권리 74
평생교육의 진흥 74

학교 선택 31
학교교육 26, 28
학교용지 72, 87, 88
학교용지부담금 84, 87
학교운영지원비 69, 70, 71
학문의 자유 102, 103, 105, 110, 129, 130, 131, 132, 134, 135, 145
학습권 35, 38, 29, 32, 37, 38, 120, 121
행복추구권 25
행정상의 책임 60
헌법상의 권리 65, 66
헌법의 기본원리 24
홈스쿨링 64, 84, 85,
후견인 63

저자 소개

손희권(孫熙權)

| 학력 |

고려대학교 교육학과 졸업

고려대학교 대학원 교육학과 석사(교육행정 전공)

University of Wisconsin-Madison, Department of Educational Administration 박사 (Ph. D.)

| 경력 |

(전) 고려대학교 교육문제연구소 연구원

한국교육개발원 학교평가본부 연구원

명지대학교 교육대학원 겸임조교수, 객원조교수

홍익대학교 교육학과 및 교육대학원 강사

세종대학교 교육학과 및 교육대학원 강사

명지대학교 청소년지도학과 조교수

대한교육법학회 홍보이사

미국교육학회(AERA) 학술대회 기획위원

미국교육법학회(ELA) 학술대회 기획위원

(현) 명지대학교 교육대학원 부교수

고려대학교 교육학과 및 교육대학원 강사

| 저서 |

교육실습의 이해와 실천(공저, 경기: 서현사, 2005)

교육행정 및 교육경영(공저, 서울: 원미사, 2006)

청소년기관운영론(공저, 서울: 교육과학사, 2006)

청소년육성제도론(공저, 서울: 교육과학사, 2006) 외 다수

| 관심분야 |

교육법

교육과 헌법

교육과 법치

학생인권

교육행정에서의 차별

교육과 가족

| 연락처 | sohn3923@dreamwiz.com

교육과 헌법 헌법 제31조의 구조와 해석

2008년 1월 5일 1판 1쇄 인쇄
2008년 1월 10일 1판 1쇄 발행

지은이 • 손희권
펴낸이 • 김진환
펴낸곳 • 학지사
121-837 서울시 마포구 서교동 352-29 마인드월드빌딩 5층
대표전화 • (02)326-1500 팩스 (02)324-2345
등록 • 1992년 2월 19일 제2-1329호
홈페이지 www.hakjisa.co.kr

ISBN 978-89-5891-580-5 93370
가격 10,000원